Florian Valerius
Mareike Fallwickl
Franziska Misselwitz

LESE GLÜCK

99 Bücher,
die gute Laune
machen

arsEdition

99 Bücher, die gute Laune machen ...
Was für eine Herkulesaufgabe!

Als wir uns zum ersten Mal damit beschäftigt haben, wurde uns schnell klar, dass wir 99 Bücher mit diesem Thema füllen könnten. Denn Bücher machen glücklich. Lesen per se macht glücklich. Deshalb haben wir uns auf zwei Dinge geeinigt. Erstens: Jedes unserer 99 Bücher muss lieferbar sein, sodass ihr es in der Hand halten, lesen, verschenken könnt. Zweitens: Wir verlassen uns auf unser Bauchgefühl, was die - nun äußerst subjektive - Titelauswahl betrifft. Wir haben Bücher gewählt, die wir lieben und weiterempfehlen. Bücher, ohne die wir nicht leben wollen. Und Bücher, von denen wir wissen, dass sie die Menschen erreicht haben. Wir haben ein kleines Vademekum erstellt, das ihr an jeder Stelle aufschlagen könnt, um euch festzulesen. Ein Miniatur-Nachschlagewerk. Eine Liste mit Inspirationen. Vielleicht nutzt der eine oder andere es sogar als Bucketlist. Wir freuen uns aber genauso, wenn jemand nur ein einziges, zukünftiges Herzensbuch entdeckt. Was uns nun beim vollständigen Buch aufgefallen ist: Es steckt unglaublich viel von uns darin. Von dem Wissen, das wir als Buchhändler und als Autorin haben, von unserem schrägen, schwarzen Humor, von der Begeisterung, mit der wir als Blogger über Bücher sprechen, und vor allem von unserer großen Liebe zum Lesen. Und das ist ein wirklich schönes Gefühl - nicht nur für uns, hoffentlich auch für euch.
Mareike & Florian

INHALT

Und jedem Anfang wohnt ein Zauber inne:
Kinderbücher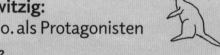

Tierisch witzig:
Kater & Co. als Protagonisten

Literatur²:
Bücher über das Lesen

In der Ruhe liegt die Kraft: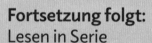
Entspannende Bücher

Ich bin dann mal weg:
Lesend fremde Kulturen entdecken

Fortsetzung folgt:
Lesen in Serie

Andere Länder, andere Witze:
Eine literarische Reise durch Europa

Paint it black:
Bücher mit schwarzem Humor

Mordlustig:
Witzige Krimis

Das süße Lesen:
Bücher über Genuss

Love lifts us up where we belong:
Unbekannte Liebesromane

Eindeutig zweideutig:
Erotische Literatur

Die Welt auf Pause:
Schöne Schmöker

Friends forever:
Bücher über Freundschaft

Bücher deines Lebens:
Romane für alle Lebenslagen

Von Höhen und Tiefen:
Die etwas andere Ratgeberliteratur

Das Goscherl & der Nerd:
Über die Autoren

Und jedem Anfang wohnt ein Zauber inne

Durch Vorlesen schenkt man Kindern unzählige Abenteuer: Sie kennen die Welt der Fantasie noch nicht, und das bedeutet, dass sie alle Möglichkeiten, alle Geschichten und Entdeckungen noch vor sich haben. Wir können ihnen das Tor zu dieser Welt öffnen, sie einladen, uns zu folgen und neue Freunde zu finden: Ronja und Michel, Pippi und den kleinen Tiger. Sie alle warten dort – auch auf die Erwachsenen, die lesend zu ihnen zurückkehren. Und sich lächelnd erinnern. Denn es sind nun mal Freunde fürs Leben.

„Ich habe die Überzeugung gewonnen, dass Kinder das beste und klügste Publikum sind, das man sich als Geschichtenerzähler nur wünschen kann. Kinder sind strenge, unbestechliche Kritiker."

OTFRIED PREUßLER

1. Astrid Lindgren
Pippi Langstrumpf

Sie ist der Inbegriff von Wildheit und Witz, von Stärke und Schlagfertigkeit: Pippi Langstrumpf darf einfach in keiner Kindheit fehlen. Drei Teile hat die Buchreihe der weltbekannten schwedischen Schriftstellerin Astrid Lindgren. Pippi ist neun Jahre alt, das stärkste Mädchen der Welt, pfeift auf Konventionen und lebt allein mit einem Äffchen und einem Pferd in einer Villa. Ihren Freunden Tommy und Annika zeigt sie, was es bedeutet, nur auf den wichtigsten Menschen im eigenen Leben zu hören: auf sich selbst.

2. Antoine de Saint-Exupéry
Der Kleine Prinz

Eine Notlandung in der Sahara. Ein namenloser Erzähler trifft den kleinen Prinzen, der sich nichts sehnlicher wünscht, als zu seinem Asteroiden zurückzukommen, weil er vermisst, was er liebt: seine Rose. Dazu ein Fuchs, der sein Geheimnis preisgibt: „Man sieht nur mit dem Herzen gut. Das Wesentliche ist für die Augen unsichtbar." Ein Satz für die Ewigkeit, ein Buch für die Ewigkeit, ein immerwährendes Plädoyer für die Freundschaft.

3. Alan Alexander Milne
Pu der Bär

Wer kennt sie nicht: Pu, den etwas langsamen und vergesslichen Bären, das ängstliche Schweinchen namens Ferkel, den depressiven Esel I-Aah, Känga und Klein-Ruh und die anderen Tiere aus dem legendären Hundertsechzig-Morgen-Wald. Mit ihrem Besitzer Christopher Robin erleben sie die tollsten Abenteuer - und lassen dabei unglaublich viel Menschlichkeit durchschimmern. *Für die Kleinen wunderbar geeignet – und die großen Vorleser werden sich nostalgisch verklärt in die eigene Kindheit zurückversetzt fühlen.*

4. Janosch
Oh, wie schön ist Panama

Der kleine Bär findet eines Tages beim Fischen eine Kiste mit der Aufschrift Panama, beschließt, dass dies das Land seiner Träume ist, und macht sich mit dem kleinen Tiger (und der Tigerente) auf den Weg dorthin. Am Ende werden sie im Kreis gelaufen sein, ihr Zuhause aber nicht mehr wiedererkennen und sich in Panama glauben. Janosch selbst sagt zu dieser wunderschönen Geschichte: *„Wenn man einen Freund hat, braucht man sich vor nichts zu fürchten."* Was könnte glücklicher machen?

5. Otfried Preußler
Die kleine Hexe

Heia Walpurgisnacht! Sie ist die schlauste und gewitzteste Zauberin, die je erfunden wurde: Otfried Preußler hat sich mit dieser Geschichte über eine liebe Hexe, die den Menschen in ihrer Umgebung mit allerlei Schabernack hilft und am Ende auf raffinierte Weise die bösen Hexen austrickst, unsterblich gemacht. Ob auf der Theaterbühne, im Kino oder klassisch zwischen zwei Buchdeckeln: Die kleine Hexe und ihr Rabe Abraxas verzaubern garantiert alle – und immer wieder aufs Neue.

6. Michael Ende Der satanarchäolügenialkohöllische Wunschpunsch

Über 30 Millionen Mal haben sich die Bücher von Michael Ende verkauft – Gott sei Dank! Denn so konnten Kinder auf der ganzen Welt Balthasar Bux, Momo und Jim Knopf kennenlernen. Dieses Zaubermärchen ist sein letztes vollendetes Werk und erzählt ebenso spannend wie unterhaltsam von einem Wunschpunsch, der die größten Katastrophen der Menschheit heraufbeschwören soll - was der Kater Maurizio di Mauro und der Rabe Jakob Krabel rechtzeitig verhindern müssen.

7. Heike Faller & Valerio Vidali
Hundert

Ein weises Buch, das zu Tränen rührt. Angefangen mit der Geburt, wird darin — wunderschön und eindringlich illustriert — aufgezeigt, was man mit jedem Lebensjahr (dazu-)lernt.
Das Gefühl, geborgen zu sein, die Erkenntnis, sterben zu müssen, die erste Liebe, Zurückweisung, das Erwachsenwerden, das Altern - und Marmelade einzukochen.
Ein elementares Buch, das für jeden Leser etwas bereithält, egal, in welchem Lebensalter er sich gerade befindet.

8. Lewis Carroll
Alice im Wunderland

Alice folgt dem weißen Kaninchen und fällt durch ein Loch ins Wunderland. Dort ist der Wahnsinn Methode, sie trifft auf die Grinsekatze, den verrückten Hutmacher, die garstige Herzkönigin und viele andere unvergessliche Figuren. Im viktorianischen England erschienen, ist dieses Meisterwerk so verrückt anders wie die Bewohner ebendieses skurrilen Wunderlandes. Nicht moralisch, nicht belehrend oder bevormundend - so waren nämlich die Texte für Kinder in dieser Zeit. Hier wird die Individualität gefeiert. Dies ist wohl auch ein Grund, warum gerade dieses Buch die Jahrhunderte überdauert hat. Nicht unerwähnt sollte man den genialen Wortwitz und den britischen Humor lassen — beides funktioniert heute noch, genau wie vor über 150 Jahren.

Beim Lesen Spaß zu haben, ist kinderleicht!
Fun Facts über die Helden unserer Kindheit und ihre Schöpfer

Neben „Harry Potter" und Grimms Märchen ist „Alice im Wunderland" das bekannteste Kinderbuch der Welt. Lewis Carroll dachte sich die Geschichte während einer Bootsfahrt im Jahr 1862 aus und erzählte sie den Töchtern des Dekans der Universität, an der er lehrte - eine davon hieß Alice.

Da der Bloomsbury Verlag nicht an den Erfolg von „Harry Potter" glaubte, druckte er im Jahr 1997 vom ersten Band nur 500 Stück. Bis heute wurden von den insgesamt sieben Teilen etwa 500 Millionen Bücher verkauft.

„Und was für einen Sinn hat ein Buch", dachte Alice, „ohne Bilder und Gespräche?"
ALICE IM WUNDERLAND, ÜBERSETZUNG: ANTONIE ZIMMERMANN

„Das Dschungelbuch", von Rudyard Kipling 1894 verfasst, besteht aus sieben Erzählungen, von denen drei von Mowgli handeln.

Wie kann man einem Kind Lesefreude vermitteln?

Früh anfangen: Noch bevor der Nachwuchs selbst lesen kann, wecken Bilderbücher das Interesse - zum Beispiel „Pettersson und Findus".
Bücher überall: Sind viele Bücher vorhanden und immer griffbereit, wird das Lesen zur Selbstverständlichkeit.
Vorbildrolle: Kinder orientieren sich an ihren Eltern. Wer also Mama und Papa oft lesen sieht, wird im Idealfall deren Vorbild folgen.

Das Dorf, in dem die „Bullerbü"-Filme gedreht wurden, heißt Sevedstorp. Jeden Tag kommen etwa 2000 Besucher, die sich die berühmten Häuser ansehen wollen.

„O Bär", sagte der Tiger, „ist das Leben nicht unheimlich schön, sag!" „Ja", sagte der kleine Bär, „ganz unheimlich und schön."
JANOSCH - OH, WIE SCHÖN IST PANAMA

Tierisch **witzig**

Das Gute an Tieren ist ja, dass sie keine Menschen sind. Vielleicht fühlen wir uns deshalb so von ihnen verstanden.
Die Beziehung zwischen Mensch und Tier beruht auf einer anderen Art von Kommunikation als Sprache. Viele Autoren greifen diese Besonderheit auf – und denken sich tierische Protagonisten aus, die Leben in die Bude bringen, Seemannsgarn spinnen oder sogar eine Familie retten. Dadurch entstehen ebenso ernste wie heitere und amüsante Romane, die nicht nur Tierbesitzern Spaß machen.

> „Das Universum besteht aus sieben Regionen, Norden, Süden, Westen, Osten, Vorher, Nachher und Zuhause."

WALTER MOERS – KÄPT'N BLAUBÄR

9. Isabel Bogdan
Der Pfau

Was ein durchgedrehter Pfau während einer Teambuilding-Maßnahme in den schottischen Highlands so alles anrichten und anstoßen kann, erzählt uns dieser urkomische, charmante Roman von Isabel Bogdan. Und zwar auf so britische Weise, dass viele ihn mal im „englischen Original" lesen wollen. *Sorry folks, dieser Roman beweist: Auch deutsche Autorinnen können incredibly funny sein!*

10. Marc-Uwe Kling
Die Känguru-Chroniken

Eines Tages klingelt es bei Marc-Uwe Kling: Vor der Tür steht ein Känguru, das sich Eier ausborgen möchte, um Eierkuchen zuzubereiten. Ehe Marc-Uwe sich's versieht, ist das Känguru bei ihm eingezogen – zum Vergnügen der Leser, die nun an den Gesprächen des intellektuellen Künstlers und des kommunistischen Kängurus in Berlins wohl verrücktester WG teilhaben dürfen. Was den brüllend komischen Zauber der Chroniken ausmacht? Dass das Känguru als Alter Ego des Autors all die Dinge sagen und tun darf, die uns verwehrt bleiben, weil wir gut erzogen sind. Es pinkelt zum Beispiel einem Rechtspopulisten mal eben ans Bein – es nimmt Redewendungen wörtlich.

11. Leonie Swann
Glennkill

Schäfer George Glenn wurde ermordet. Mit einem Spaten. So liegt er da, im irischen Gras. Während in jedem „normalen" Krimi nun die Polizei ermitteln würde, ergreift hier seine Schafherde die Initiative - allen voran Miss Maple, das klügste Schaf der Herde. Swann erzählt den Roman einfach und einfühlsam aus der Sicht der Tiere. *Ein schrulliges, kurzweiliges Lesevergnügen — und definitiv ein Krimi der anderen Art.*

12. Walter Moers
Die 13 1/2 Leben des Käpt'n Blaubär

Moers' erster Zamonien-Roman hat einen Protagonisten, den wohl jedes Kind in Deutschland kennt: Käpt'n Blaubär. Da sich das Leben eines Buntbären in 27 Abschnitte einteilen lässt, erzählt uns der Käpt'n in diesem Buch die Hälfte seines an Abenteuern nicht gerade armen Lebens. Dieser Roman ist der perfekte Einstieg in Moers' Kultreihe um die Bewohner Zamoniens. *Es wird eine überbordend fantastische, philosophische und phänomenale Reise garantiert, die über einen Kontinent führt, auf dem alles möglich ist — nur keine Langeweile.*

13. Moritz Matthies
Ausgefressen

Mittlerweile haben Ray und Rufus in fünf Bänden in den aberwitzigsten Fällen ermittelt. Und seien wir ehrlich: Wer eignet sich besser für den Job eines Privatdetektivs als Erdmännchen? Sie sind schließlich weithin als Schnüffler und Spurenleser bekannt – das denkt sich zumindest Ray. Und erfüllt sich seinen Lebenstraum, als der menschliche Ermittler Phil im Berliner Zoo dringend Hilfe braucht. Das ist sauwitzig, unglaublich charmant und spannend.

14. Elke Heidenreich
Nero Corleone

„Schwarzes Löwenherz" nennen die anderen Tiere ihn, weil er keine Angst hat: Nero Corleone. Alles an dem kleinen italienischen Kater ist schwarz, bis auf eine weiße Pfote. Er und seine Schwester Rosa werden von einem deutschen Pärchen mit nach Köln genommen, wo Nero schnell Freunde findet. Doch als er 15 Jahre später zurückkehrt nach Italien, merkt er: Hier ist seine Heimat, hier wird er bleiben. Feinfühlig und mit einem Augenzwinkern erzählt Elke Heidenreich in dieser anrührenden Parabel ein ganzes Leben – und hat mit Nero Corleone einen Kultkater geschaffen, der von allen Generationen tierisch geliebt wird.

15. Penguin Bloom **Der kleine Vogel, der unsere Familie rettete**

Eine Sekunde im Jahr 2013 verändert das Leben der Familie Bloom für immer: Mutter Sam lehnt sich an ein morsches Geländer und stürzt vor den Augen ihrer Familie zwei Etagen tief – sie überlebt, ist jedoch querschnittsgelähmt. Ein Schicksalsschlag, der die komplette Familie in einen tiefen Abgrund reißt. Bis eines Tages eine ebenso versehrte kleine Elster den Weg ins Haus Bloom findet. Zwei Jahre wird sie verweilen und der Familie neuen Lebensmut und Leichtigkeit bringen. Vor allem für Sam wird der Vogel zu einem Lebensretter, einem Vertrauten. *Eine wahre Geschichte, die zeigt, wie wichtig Tiere für die Seele des Menschen sind, und die zu Herzen geht.*

16. David Garnett **Mann im Zoo**

Da Josephine ihn nicht heiraten will, zieht Joseph in einen Käfig – und lässt sich im Zoo ausstellen. Schließlich ist auch der Mensch ein Säugetier! Josephine erklärt ihn erst für verrückt, merkt dann aber, wie groß sein Liebesbeweis ist. Doch wie kann sie jetzt noch mit einem Mann zusammen sein, der bei den Affen wohnt? *Dies ist eine Parabel, die auf geschickte Weise Gesellschaftskritik übt – und dabei sehr unterhaltsam ist.* Herrlich die antiquierte, verschrobene Sprache, sehr charmant die Auflösung.

Literatur[2]

Bücher sind voll von Geschichten und sie
bieten selbst Stoff für Geschichten:
Was bibliophile Menschen so richtig glücklich
macht, ist, über das Lesen zu lesen.
Ob geheimnisvolle Buchhandlungen oder
verschollene Bücher mit bedeutsamen
Botschaften, ob eine verhängnisvolle Liebe
zur Literatur oder Protagonisten,
die zugleich Schriftsteller sind: Es gibt
zahllose Romane, die sich dem Lesen widmen
und die Literatur zum Mittelpunkt aller
Ereignisse machen. Wer das Lesen liebt,
weiß genau: Bücher können Leben verändern,
sie können Leben bereichern,
sie können manchmal sogar Leben retten.
Und das ist immer eine gute Geschichte.

— ✿ —

„Bücher enthalten die
Gedanken und Träume der
Menschen, ihre Hoffnungen,
ihr Streben, alles,
was an ihnen unsterblich ist.
Aus Büchern lernen die
meisten von uns, wie lebenswert
das Leben doch ist."

CHRISTOPHER MORLEY –
DAS HAUS DER VERGESSENEN BÜCHER

17. Alberto Manguel
Eine Geschichte des Lesens

Die mittlerweile zum Standardwerk für Büchernarren gewordene Geschichte des Lesens sei in der großen, illustrierten Ausgabe jedem geneigten Leser ans Herz gelegt. Eine bebilderte Schatztruhe, reich an Anekdoten über Schreiberinnen und Schreiber, Leserinnen und Leser - und Buchverrückte. Eine der schönsten Geschichten erzählt von einem persischen Großfürsten, der all seine Bücher in seiner Karawane mit sich führte und die Kamele alphabetisch sortierte. Manguel schreibt charmant, witzig und informativ. Dieses Buch, vom „New Yorker" als „Liebesbrief an das Lesen" bezeichnet, ist eine Bibel für Bibliophile!

18. Carlos Ruiz Zafon
Der Schatten des Windes

Der größte Schauerroman der Moderne und vielleicht der großartigste Schmöker der letzten Jahre: „Der Schatten des Windes" - so lautet der Titel eines Buches, das der junge Daniel auf dem geheimen „Friedhof der vergessenen Bücher" findet und das sein Leben verändert. Ein geheimnisumwobenes Barcelona zur Zeit des Franco-Regimes, ein mysteriöser Autor, Antiquariate, Spannung, Dramatik und Liebe - Zafon hat ein Meisterwerk geschaffen, das dem Leser den Schlaf rauben wird ...

19. Italo Calvino
Wenn ein Reisender in einer Winternacht

Dieser Roman ist eine wahre Fundgrube für jeden Literaturliebhaber, ein Metaroman, der den Leser anhand von zehn Romananfängen auf eine wilde, lustvolle Reise durch die moderne Literatur mitnimmt. Campusroman, Psychothriller, Nouveau Roman, Gangsterkrimi, Symbolismus, Kafka, Borges, Kawabata - Calvino zieht jedes literaturwissenschaftliche Register und verführt seine Leser, die er konsequent mit „Du" anspricht, zu einem leidenschaftlichen, intelligenten Verwirrspiel, das Herz und Geist anregt.

20. Christopher Morley
Das Haus der vergessenen Bücher

Eine durch und durch nostalgische Leseperle, die in den Vereinigten Staaten bereits 1919 erschienen ist und erst 2014 den Weg nach Deutschland gefunden hat. Besser spät als nie, denn Morley entführt uns in die Welt der staubigen, verrauchten Buchhandlungen und Antiquariate, zu einer Zeit, als der Krieg gerade vorbei war und die Menschen wieder durch die Straßen flanierten. Eine Geschichte voll Liebe, Politik, Zeitgeschehen im Stil eines Kriminalromans, in dessen Zentrum die Bücher und die Leidenschaft der Literaturvermittlung stehen.

21. Petra Hartlieb
Meine wundervolle Buchhandlung

Angetrunken eine Buchhandlung kaufen? Petra Hartlieb hat es getan – wie das ihr Leben bis heute bestimmt, was man als Buchhändler tagtäglich Skurriles, Witziges und Charmantes erlebt, erzählt sie in diesem Buch. Nicht nur, dass es das Lesen in jeglicher Form feiert, es macht auch Mut, ungewöhnliche Entscheidungen zu treffen und seinen eigenen Weg zu gehen. Komme, was wolle.

22. Mary Ann Shaffer & Annie Barrows
Deine Juliet

Man nehme als Schauplatz die Kanalinsel Guernsey, die 1940er-Jahre als Zeitkontext, einen Lesekreis namens „Club der Guernseyer Freunde von Dichtung und Kartoffelschalenauflauf", der sich durch die schwierigen Kriegsjahre mithilfe der Literatur rettet, sowie eine verbotene Liebe zu einem deutschen Offizier – und lässt das Ganze durch einen Briefwechsel zwischen einer Schriftstellerin und einem Bauern lebendig werden. Fertig ist der perfekte Wohlfühlschmöker.

23. Alan Bennett
Die souveräne Leserin

Dank der kläffenden Corgies entdeckt Queen Elizabeth den Bücherbus in einem der Palasthöfe. Zu gut erzogen, um Nein zu sagen, lässt sie sich ein Buch mitgeben. *Und entdeckt ihre späte Leidenschaft für die Literatur.* Voll von britischem Humor und feinen Zwischentönen erforscht Bennett in dieser genialen Liebeserklärung das Wesen der Queen, Klassenunterschiede und die Macht des Lesens.

24. Carlos María Domínguez
Das Papierhaus

Einer Frau wird ihre Liebe zur Literatur zum tödlichen Verhängnis: Sie wird von einem Auto überfahren, während sie Emily-Dickinson-Gedichte lesend die Straße überquert. Ein Mann, der nicht nur diese Frau liebte, sondern, genau wie sie, die Literatur, entdeckt ein Buch, das mit Betonstaub bedeckt ist und eine seltsame Widmung enthält. *Dieser Roman ist eine Reise um die halbe Welt, zu Lesern, Bücherliebhabern und Bibliotheken – und zugleich eine Hommage an die schönste Sache der Welt, die uns alle miteinander verbindet: das Lesen.*

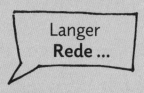

Langer Rede ...

Tausend Seiten oder mehr: Manchem Leser kann ein Buch nicht dick genug sein. Sich einzulassen auf eine Geschichte, abzutauchen in einen fiktiven Kosmos voll schillernder Figuren, düsterer Geheimnisse und jahrhundertelanger Verwicklungen, ist ein seitenstarkes Vergnügen. Wer also den langen Atem hat, der weiß vielleicht sogar, dass diese Bücher zu den umfangreichsten gehören, die je geschrieben wurden:

- **„Mann ohne Eigenschaften" von Robert Musil** wartet mit 2172 Seiten auf und erklärt angeblich die ganze Welt.

- **„Zettels Traum" von Arno Schmidt** ist mit seinen 5320 Seiten für alle, die lieber Short Storys lesen, wohl eher ein Albtraum.

- Wer **„Auf der Suche nach der verlorenen Zeit" von Marcel Proust** gelesen hat, weiß nach über 4000 Seiten genau, wo er all diese Zeit verloren hat.

- **„Krieg und Frieden" von Tolstoi** ist im Vergleich dazu mit 1532 Seiten geradezu ein Hungerhaken. Und für alle, die sich wirklich als belesen bezeichnen wollen, ein absolutes Mustread.

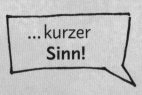
... kurzer **Sinn!**

In der Kürze liegt die Würze? Das würden Autoren von Short Storys wohl jederzeit unterschreiben. Genau wie alle Leser, die Literatur lieber in kleinen Happen konsumieren – dafür findet man nämlich auch in der größten Hektik noch Zeit. In der Branche gilt die Kurzgeschichte als Königsdisziplin, weil es schwer ist, große Emotionen in eine kleine Seitenzahl zu packen. In welchen Fällen das gelungen ist, bitte sehr:

- **Die „Insel-Bücherei" ist die Kultreihe für Bibliophile!** Seit 1912 werden in dieser Reihe Lyrik, kleinere Texte, Naturdarstellungen, Märchen und mehr veröffentlicht. Typografie und Ausstattung immer einheitlich auf höchstem verlegerischem Niveau.

- **„Früher war mehr ... Strand/Herz/Lametta"** sind bitterböse Anthologien, die die Besten der Besten versammeln.

- Bei **„Unnützes Wissen – skurrile Fakten, die man nie mehr vergisst"** ist der Titel Programm, eine Buchreihe, vollgepackt mit kurzen Anekdoten, die jeden zum Smalltalk-Helden für Partys machen.

- Die ultimative Nachschlagereihe heißt **„Ein Mann, Eine Frau, Ein Paar – Ein Buch"** und bringt dem Leser auf amüsante Weise näher, was man/frau im Leben lernen/wissen/erleben sollte.

Noch nicht genug Stoff? Kein Problem: Dicke Bücher wurden Tausende geschrieben. Wenn ihr jetzt so richtig Lust bekommen habt, euch den vielseitigen Meisterwerken zu widmen, haben wir hier ein paar „Anspieltipps":

- **Uwe Johnson – Jahrestage** (4 Bände – 1891 Seiten)
- **Casanova – Geschichte meines Lebens** (12 Bände – 4735 Seiten)
- **Victor Hugo – Die Elenden** (1369 Seiten)
- **Adalbert Stifter – Der Nachsommer** (1347 Seiten)
- **Thomas Mann – Der Zauberberg** (1207 Seiten)
- **J. R. R. Tolkien – Der Herr der Ringe** (1177 Seiten)
- **Sigrid Undset – Kristin Lavranstochter** (1151 Seiten)
- **Marion Zimmer Bradley – Die Nebel von Avalon** (1117 Seiten)
- **Frank Schätzing – Der Schwarm** (1001 Seiten)

Gute Short Storys zu finden, ist gar nicht so leicht: Generell haben Erzählungen es auf dem Buchmarkt schwerer. Umso mehr Spaß macht es, schöne kleine Schätze zu entdecken, wie beispielsweise diese:

- **Jorge Luis Borges – Die unendliche Bibliothek**

- **Raymond Carver – Wovon wir reden, wenn wir von Liebe reden**

- **Roald Dahl – Küsschen, Küsschen**

- **John von Düffel – Wassererzählungen**

- **Mariana Enríquez – Was wir im Feuer verloren**

- **Karen Köhler – Wir haben Raketen geangelt**

- **Alice Munro – Himmel und Hölle**

- **Peter Stamm – Der Lauf der Dinge**

- **Richard Yates – Eine letzte Liebschaft**

Habe nun, ach!

... all die berühmten Klassiker noch immer nicht gelesen? Das lastet ja durchaus schwer auf so manchem bibliophilen Gewissen. Jahrelang mogelt man sich so durch, nickt eifrig, wenn die Sprache auf ein bestimmtes Werk kommt, und hofft, dass einem keine Frage dazu gestellt wird. Damit kann jetzt endlich Schluss sein: Wenn man einmal angefangen hat, geht's eigentlich. Deshalb haben wir die Anfänge von einigen der bekanntesten Klassiker der Weltliteratur versammelt. Danach ist es vielleicht gar nicht mehr so schwer. Und wenn man sie endlich gelesen hat und erleichtert aufatmen kann, macht das definitiv gute Laune!

„Es ist eine allgemein anerkannte Wahrheit, dass ein Junggeselle, der ein beachtliches Vermögen besitzt, zu seinem Glück nur noch einer Frau bedarf."
JANE AUSTEN – STOLZ UND VORURTEIL

„Singe den Zorn, o Göttin, des Peleiaden Achilleus,
Ihn, der entbrannt den Achaiern unnennbaren Jammer erregte,
Und viel tapfere Seelen der Heldensöhne zum Aïs
Sendete, aber sie selbst zum Raub darstellte den Hunden,
Und dem Gevögel umher. So ward Zeus Wille vollendet:
Seit dem Tag, als erst durch bittern Zank sich entzweiten
Atreus Sohn, der Herrscher des Volks, und der edle Achilleus."
HOMER – ILIAS

„Das Rad an meines Vaters Mühle brauste und rauschte schon wieder recht lustig, der Schnee tröpfelte emsig vom Dache, die Sperlinge zwitscherten und tummelten sich dazwischen; ich saß auf der Türschwelle und wischte mir den Schlaf aus den Augen; mir war so recht wohl in dem warmen Sonnenscheine."

JOSEPH VON EICHENDORFF - AUS DEM LEBEN EINES TAUGENICHTS

„Als Gregor Samsa eines Morgens aus unruhigen Träumen erwachte, fand er sich in seinem Bett zu einem ungeheueren Ungeziefer verwandelt."

FRANZ KAFKA - DIE VERWANDLUNG

„An einem Orte der Mancha, an dessen Namen ich mich nicht erinnern will, lebte vor nicht langer Zeit ein Junker, einer von jenen, die einen Speer im Lanzengestell, eine alte Tartsche, einen hagern Gaul und einen Windhund zum Jagen haben."

MIGUEL DE CERVANTES - DON QUICHOTE

„Wer da?"

WILLIAM SHAKESPEARE - HAMLET

„1801. - Ich bin soeben von einem Besuch bei meinem Hauswirt zurückgekehrt - dem einsamen und einzigen Nachbarn, mit dem ich zu tun haben werde."

EMILY BRONTË - STURMHÖHE

Glücklichsein **als Philosophie**

Seit Anbeginn der Zeit ist das Glück,
das Glücklichsein, eine Sache, die auch die
großen Köpfe, die Philosophen, die Denker,
beschäftigt. Was macht Glück aus,
worin besteht es? Wie kann man es festhalten
und warum ist es so flüchtig? Da viele
kluge Menschen vor uns sich Gedanken
dazu gemacht haben, gibt es eine interessante
Sammlung an Werken, die man immer
mal wieder zurate ziehen kann, wenn man
mehr wissen möchte über das Glück.
Und wo es vielleicht zu finden ist.

„Denn um nicht sehr unglücklich zu werden, ist das sicherste Mittel, dass man nicht verlange, sehr glücklich zu sein."

ARTHUR SCHOPENHAUER

Seneca, der Jüngere, 1-65 n. Chr.
Hauptwerk: Vom glücklichen Leben/ Das Leben ist kurz

„Nein, nicht gering ist die Zeit, die uns zu Gebote steht, wir lassen nur viel davon verloren gehen."

Epikur, 341 v. Chr.-270 v. Chr.
Hauptwerk: Von der Lust zu leben/ Philosophie der Freude

„Wer sich um das Morgen am wenigsten kümmert, geht ihm mit der größten Lust entgegen."

Arthur Schopenhauer, 1788-1860
Hauptwerk: Die Kunst, glücklich zu sein

„Das Glück gehört denen, die sich selbst genügen. Denn alle äußeren Quellen des Glückes und Genusses sind ihrer Natur nach höchst unsicher, misslich, vergänglich und dem Zufall unterworfen."

Marcus Tullius Cicero, 106 v. Chr.–43 v. Chr.
Hauptwerk: Gespräche über Freundschaft, Alter und die Freiheit der Seele

---

„Anteilnehmende Freundschaft macht das Glück strahlender und erleichtert das Unglück."

Mark Aurel, 121–180
Hauptwerk: Die Kunst des guten Lebens

„Wir müssen von ganzem Herzen alles, was uns trifft, willkommen heißen, wir dürfen auch innerlich nicht murren, ja uns nicht einmal wundern."

Laotse, 6. Jh. v. Chr.

„Freundlichkeit in Worten schafft Vertrauen. Freundlichkeit im Denken schafft Tiefe, Freundlichkeit im Geben schafft Liebe."

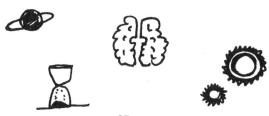

Leseglück pur:
Von der Freude am Flow

Dass es das Leseglück gibt, ist wissenschaftlich anerkannt. Über die Gründe dafür rätseln die Experten allerdings noch: Lesen mache glücklich, weil es anstrengend sei, sagen die einen. Man müsse dafür aus abstrakten Symbolen ganze Welten zusammensetzen – und erlebe, wenn es gelinge, ein Glücksgefühl. Beim Lesen bekomme man durch das Verstehen permanent eine klare Rückmeldung über seine Fähigkeiten, sagen die anderen. Und die Balance zwischen Anforderung und Fähigkeiten ist ausschlaggebend für jenen beglückenden Zustand, der nach Mihaly Csikszentmihalyi – Psychologe an der Universität Chicago – seit den 1990er-Jahren „Flow" genannt wird. Das könnte auch der Grund sein, warum geübte Leser stets nach immer anspruchsvollerer Literatur suchen, um das Lesen als befriedigend zu empfinden. Einstimmig geben Leser übrigens zu Protokoll, dass sie das Leseglück besonders intensiv gespürt haben, als sie noch Kinder waren.

Inzwischen weiß man: Wer viel liest, erlebt häufiger den berühmten Flow. Das bedeutet, man geht ganz und gar in einer Tätigkeit auf, erlebt diese als berauschend und zufriedenstellend. Das sind jene Momente, die wir Vielleser lieben, nach denen wir süchtig sind: einen Sog zu verspüren, zu versinken in einer Geschichte, die reale Welt für eine Weile zu verlassen. Wer das auch nur ein einziges Mal gefühlt hat, der weiß: Es ist möglich. Es ist wunderbar. Und ja, es macht glücklich.

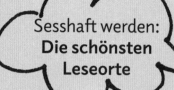

Sesshaft werden: Die schönsten Leseorte

Manchmal sieht man einen Platz und hat nur einen Gedanken: Da würde ich mich jetzt gern hinsetzen mit einem guten Buch. Das kann eine Parkbank umgeben von Bäumen sein, ein Felsen mit Blick aufs Meer, ein gemütlicher Sessel, eine kuschelige Ecke an einem Fenster oder die Veranda eines Hauses am See. Es ist herrlich, wenn man sich diesen Wunsch dann erfüllen und an einem besonderen Ort in Ruhe lesen kann.

Doch auch zu Hause stehen allerlei Möglichkeiten zur Verfügung, um den perfekten Leseplatz einzurichten: Manche mögen's heiß und genießen zum Buch eine Tasse Tee oder Kaffee. Eine Leselampe mit angenehmem Licht, eine weiche Decke und nicht zu vergessen: ein Buch – schon sind alle Vorbereitungen für das nächste Leseabenteuer getroffen.

Das Schönste aber ist, wenn man derart in einem Buch versinkt, dass es ganz egal ist, wo man sich befindet, wie es dort aussieht und ob man es bequem hat.

Da kann man schon mal in einem zugigen Wartehäuschen sitzen, in der U-Bahn die richtige Haltestelle verpassen oder im Café nichts mehr vom Lärm mitbekommen: Denn wenn man in den Leseflow kommt, vergisst man alles um sich herum.

Meine liebsten Leseorte:

_____

_____

_____

_____

_____

Hier möchte ich gerne mal lesen:

-
-
-
-
-

In der Ruhe **liegt die Kraft**

Es gibt Bücher, die sind so entspannend, dass man das Gefühl hat: Wenn man sie liest, beruhigt sich der eigene Herzschlag.
Das ist im hektischen Alltag nicht nur wohltuend, sondern manchmal dringend notwendig. Sie haben das Vergängliche eines einzelnen Lebens zum Inhalt, die Details, das Kleine – aus dem, durch das richtige Auge beobachtet, etwas Großes wird.
Etwas Gefühlvolles. Und etwas Schönes. Man kann nicht die folgenden Bücher lesen und gleichzeitig gestresst sein. Sie helfen, loszulassen, sich zu besinnen, sich zu erden. Sie enthalten Worte und erzählen trotzdem von der Stille.

„Und da
Bewegt sich Meister Kurogiku
Langsam
Auf das Origami zu.
Er nimmt es zwischen die Finger
Langsam
Und entfaltet es."

JEAN-MARC CECI – HERR ORIGAMI

25. Yoko Ogawa **Das Geheimnis der Eulerschen Formel**

Ogawa lesen ist wie Meditieren. In diesem Roman gibt es einen Professor, der nach einem Unfall darunter leidet, dass sein Kurzzeitgedächtnis nur noch 80 Minuten währt und er täglich vergisst, wer er ist, eine Frau, die zu seiner Haushälterin wird, sowie deren zehnjährigen Sohn. Aus dieser Konstellation macht Yoko Ogawa den zartesten, leisesten „Liebesroman", den man sich vorstellen kann. Er handelt von der Liebe zur Mathematik, der freundschaftlichen Liebe — und der Liebe zwischen einer Mutter und ihrem Kind.

26. Ruth Ozeki **Geschichte für einen Augenblick**

Die Schriftstellerin Ruth findet bei einem Strandspaziergang in British Columbia eine angespülte „Hello Kitty"-Lunchbox – die das Tagebuch einer jungen Japanerin, eine Uhr und alte, französische Briefe enthält. Daraus entspinnt Ozeki eine epische Geschichte, die fasziniert und inspiriert — und nach deren Lektüre man zum Zen-Buddhismus konvertieren möchte.

27. Jean-Marc Ceci **Herr Origami**

Kurogiku, den alle Herr Origami nennen, macht Papier. Eigentlich kam er von Japan nach Italien auf der Suche nach einer Frau, in die er verliebt war. Als der junge Uhrmacher Caspari zu Kurogiku geschickt wird, reden sie nicht viel und erzählen einander doch das Wichtigste. Das, worauf es im Leben ankommt. Dies ist ein Buch, das sich und anderen nichts beweisen muss. Nicht mit langen, anstrengenden Sätzen, nicht mit bemühten Wortspielen. Es enthält wenig Text, es stellt Qualität über Quantität. Und zeigt dabei, dass man sich manchmal auf das Essenzielle konzentrieren soll und darf.

▬ 28. Elisabeth Tova Bailey **Das Geräusch einer Schnecke beim Essen**

DAS Buch zum Thema Entschleunigung schlechthin! Durch eine Krankheit ans Bett gefesselt, entdeckt Bailey in einer Topfpflanze, die ihr eine Freundin geschenkt hat, eine kleine Schnecke. Fasziniert observiert sie dieses Lebewesen, seine Verhaltensweisen und Rituale – und findet allein durch diese Beobachtungen zur Ruhe. Ein stilles Buch über eine ganz besondere Freundschaft.

▬ 29. Haruki Murakami **Die Pilgerjahre des farblosen Herrn Tazaki**

Tsukuru Tazaki gehört als Jugendlicher einer Clique an, in der alle einen Spitznamen tragen, der eine Farbe beinhaltet – nur er ist der „Farblose". Die Freundschaft zerbricht urplötzlich, alle wenden sich ohne Begründung von ihm ab – er gerät an den Rand der Verzweiflung. Jahre später drängt ihn seine Freundin Sara, sich endlich der Vergangenheit zu stellen. Tazaki, der sich sein Leben lang klein und nichtig gefühlt hat, bricht zu einer Pilgerreise auf, an deren Ende er nicht mehr der sein wird, der er war. Ein Buch, das still und leise das Herz des Lesers berührt.

30. Robert Seethaler
Ein ganzes Leben

Der österreichische Autor Robert Seethaler hat ein besonderes Talent: Er kann so ruhig und leise von den großen Dingen erzählen, dass einem fast nicht auffällt, wie tiefgründig und melancholisch das eigentlich ist. „Es ist eine Sauerei mit dem Sterben. Man wird einfach weniger mit der Zeit", heißt es in diesem großartigen Buch, das ohne Effektheischerei auskommt und in einer einfachen Sprache von einem ebenso einfachen Leben berichtet. *Still, lakonisch, zum Nachdenken anregend.*

31. Paolo Cognetti
Acht Berge

In den Ferien lernt Pietro Bruno kennen, einen schweigsamen Jungen im selben Alter. Jahr für Jahr treffen sie sich im Sommer und erkunden die Berge. Doch wie kann sich eine Freundschaft, die geografisch beschränkt ist, weiterentwickeln? Oder muss sie das gar nicht, kann sie ein Zufluchtsort bleiben, der sich nicht verändert? *Paolo Cognetti hat selbst eine Hütte auf 2000 Metern Höhe — und er hat ein schlichtes, langsames, wunderbares Buch geschrieben über Freundschaft und Scheitern, über Glück und Verlust.*

Ich bin dann **mal weg**

Bücher sind pure Magie: Sie machen es möglich, in ferne Länder zu reisen, während wir eigentlich auf dem Sofa sitzen. Sie lassen uns fremde Kulturen kennenlernen, lassen uns staunen, Neues lernen und wilde Abenteuer erleben. Die Umstände – allen voran Geld und Zeit – verhindern ja oft, dass wir jene weit entfernten Länder besuchen, von denen wir träumen. Bis wir uns diese Träume in der Realität erfüllen können, stehen uns mit Büchern alle Türen und alle Wege offen: Wer liest, kann in Sekundenschnelle die ganze Welt bereisen.

„Ich glaube, mehr als alles andere ist es die Freiheit, nach der ich in meiner Arbeit suche, in all diesen entlegenen Gegenden der Welt – nach einer Gruppe von Menschen, die einander den Raum geben, so zu sein, wie es den Bedürfnissen eines jeden entspricht."

LILY KING - EUPHORIA

„Zögere nie, weit fortzugehen, hinter alle Meere,
alle Grenzen, alle Länder, allen Glaubens."
AMIN MAALOUF

32. Karin Kalisa
Sungs Laden

Berlin, Prenzlauer Berg - an einer Schule wird eine „weltoffene Woche" ausgerufen. Jedes Kind soll über sein Herkunftsland berichten. Minh, der vietnamesische Wurzeln hat, weiß nichts über seine Herkunft. So geht er zu seiner Großmutter: Sie bringt eine hundertjährige Holzpuppe zur Schule und führt ein Stück auf - ab diesem Moment ist das Leben vieler Berliner nicht mehr dasselbe: Liebe, Wärme und Zuversicht halten Einzug, genau wie viele vietnamesische Traditionen. Kalisa hat eine Utopie geschrieben, die purer Kitsch ist, aber zugleich so voller Tiefe und Weisheit, dass man gern darüber hinwegsieht. Emotional, motivierend und herzerwärmend. Mehr braucht es manchmal nicht, um glücklich zu sein.

„Das Leben ist entweder ein wagemutiges
Abenteuer oder nichts."
HELEN KELLER

„Nichts entwickelt die Intelligenz
wie das Reisen."
ÉMILE ZOLA

33. Lily King
Euphoria

Die Amerikanerin Nell Stone war Ethnologin und hat Anfang der 1930er-Jahre mit ihrem Mann Fen verschiedene Stämme in Neuguinea erforscht. Die Schriftstellerin Lily King hat dieser interessanten Frau ein überaus lesenswertes literarisches Denkmal gesetzt, das richtig spannend ist. Denn als Nell und Fen einem anderen jungen Forscher begegnen, entspinnt sich im malariaverseuchten Dschungel eine unheilvolle Dreiecksgeschichte. *Ein wildes, ungezähmtes, lehrreiches und ungewöhnliches Buch über Liebe und Verrat, Neid und Betrug, über Fremdheit und Gefahr.*

34. John Freeman Gill
Die Fassadendiebe

Was für ein faszinierender Roman über Architektur und das New York der 1970er-Jahre! Der Autor ist Spezialist für Architekturgeschichte und selbst ein waschechter New Yorker. Die Liebe zum Detail merkt man diesem Buch an: Es geht darin um die Kahlschlagsanierung, bei der ganze Viertel dem Erdboden gleichgemacht und neu aufgebaut wurden. Der Vater des 13-jährigen Protagonisten versucht verzweifelt zu bewahren, was nicht bewahrt werden kann. Das ist anrührend, melancholisch, klug und sentimental – und vor allem unglaublich gut zu lesen.

> „Eines Mannes Ziel ist niemals ein Ort,
> sondern eine neue Art, die Dinge zu sehen."
> HENRY MILLER

35. Carmine Abate
Zwischen zwei Meeren

Carmine Abate zählt zu den wichtigsten Autoren Italiens. In diesem Roman zeichnet er die Landschaft Kalabriens so greifbar, dass man meint, man könne die kulinarischen Köstlichkeiten schmecken und die hitzköpfigen Menschen streiten hören. Seine Charaktere hat er liebevoll mit Spleens und Eigenheiten gestaltet, er lässt sie die kulturellen Unterschiede zwischen Deutschland und Italien am eigenen Leib erleben. Das ist nie allzu klischeehaft oder klamaukig, sondern sehr amüsant. *Urlaub für den Kopf!*

> „Menschen unternehmen keine Abenteuer,
> die Abenteuer nehmen
> sich der Menschen an."
> JOHN STEINBECK

> „Ich bin nicht mehr dieselbe, seit ich den Mond
> auf der anderen Seite der Welt habe scheinen sehen."
> MARY ANNE RADMACHER

36. Davit Gabunia
Farben der Nacht

Auf den ersten Blick eines der gefälligsten Bücher aus Georgien, ist die moderne Variante von Hitchcocks „Fenster zum Hof" auf den zweiten Blick eine fiebrige Geschichte voller Tiefe, Politik und Gesellschaftskritik. Rollenverhältnisse werden auf den Kopf gestellt, brisante Themen wie Arbeitslosigkeit und Homosexualität geschickt in die Handlung eingewoben. Die Geschichte spielt im September 2012 und verarbeitet ein finsteres Kapitel jüngster georgischer Zeitgeschichte. Es beginnt mit einer Leiche und endet in einem Rausch aus Begierde, Obsession, Lust und Täuschung.

37. Sabrina Janesch
Die goldene Stadt

Als er noch ein Junge war, hat Augusto Berns am Rhein Gold gewaschen und davon geträumt, ein großer Forscher zu werden. Geradezu besessen ist er von der Vorstellung, die verlorene Stadt der Inka zu entdecken, Peru ist sein Ziel. Im Jahr 1887 scheint es ihm gelungen zu sein: Alle reden von seinem großen Fund. Doch warum ist Berns aus den Geschichtsbüchern verschwunden, warum gilt Hiram Bingham als Entdecker von Macchu Picchu? Davon erzählt Sabrina Janesch in diesem bemerkenswerten Buch.

> *„Ich glaube, der glücklichste Moment im Leben eines Menschen ist eine Abreise in unbekannte Länder."*
> SIR RICHARD FRANCIS BURTON

38. Trevor Noah **Farbenblind**

Trevor Noah ist ein Weltstar, führt durch die amerikanische Daily Show, tritt mit seinen Comedy-Programmen auf allen Kontinenten auf. Niemand hätte ahnen können, dass dieses verbotene Kind mit einer schwarzen Mutter und einem weißen Vater, geboren im Johannesburg der Apartheid, dass dieser Außenseiter, der in seinem zerrissenen Land zu keiner Seite gehörte, zeitweise in einer Autowerkstatt schlafen und Maden essen musste. *Er ist entkommen — und hat es weit gebracht.*

39. Aravind Adiga **Der weiße Tiger**

Mit seinem ersten Roman gewann Aravind Adiga 2008 den britischen Booker Prize. Er erzählt darin vom Aufstieg eines sehr armen Inders zu einem verhältnismäßig reichen Taxiunternehmer und schildert mit viel schwarzem Humor das indische Kastensystem, Korruption und Bildung. *Ein Buch, das ungeschönt Einblick in das Leben in Indien gibt.*

> *„Eine kleine Reise ist genug, um uns und die Welt zu erneuern."*
> MARCEL PROUST

40. Marion Poschmann **Die Kieferninseln**

Poschmann, die auch Lyrikerin ist, hat einen Roman gezaubert, der sich liest, als wäre er mit Tusche auf Pergamentpapier gehaucht worden. Ein Mann träumt, seine Frau hätte ihn betrogen – er reist nach Japan, macht sich auf zu einer Pilgerreise zu den Kieferninseln. Traumwandlerisch folgt man den Stationen der Reise und fragt sich, was ist Realität, was ist Einbildung? Wer sich für Japan interessiert, sollte dieses Buch lesen: Besser kann man nicht in den Alltag und die Kultur dieses Landes eingeführt werden.

> „Ich war noch nicht überall,
> aber es steht auf meiner Liste."
> SUSAN SONTAG

41. Kristín Marja Baldursdóttir **Die Eismalerin**

Dieses Buch erzählt die Geschichte der Witwe Steinunn, die es geschafft hat, dass alle ihre Kinder, auch die Mädchen, eine Schulbildung erhalten haben. Die jüngste Tochter Karita entdeckt ihr Talent fürs Malen – und wird alles dafür geben, diesen Traum zu verwirklichen. Baldursdóttirs episches Meisterwerk ist eine herzbewegende Emanzipationsgeschichte auf der faszinierenden Insel Island. Starke, unbändige Frauen, das raue, harte Leben im Jahr 1900 — und ein Roman, der sich in keine Schublade stecken lässt, der bewegt und berührt und den Wunsch weckt, sofort nach Island, mit all seinen Fabelwesen, den Trollen und Elfen, zu reisen.

Aus diesen Ländern lese ich Literatur am liebsten:

Diese Länder würde ich gern einmal literarisch bereisen:

_____

_____

_____

_____

_____

_____

_____

Fortsetzung **folgt** …

Das serielle Erzählen erschafft einen Sog, dem man sich schwer entziehen kann. Wie oft heißt es wohl in deutschen Schlafzimmern: „Eine Folge noch, Schatz?" Der bibliophile Mensch ruft jedoch sofort: „Das ist ja nun wirklich nichts Neues!" Und recht hat er – schon Scheherazade rettete ihren Kopf damit, dass sie die Geschichten aus „Tausendundeiner Nacht" stets an der spannendsten Stelle abbrach. Fortsetzungsromane in Zeitungen haben eine lange Tradition – Alexandre Dumas und Charles Dickens haben ihre Meisterwerke auf diese Weise veröffentlicht. Ihre Leser konnten kaum den nächsten Tag und den nächsten Teil erwarten. Auch mehrbändige Buchreihen können genau diesen Effekt erzeugen … „Netflix zum Lesen" sozusagen.

„Binge read:
When you get so engrossed in a book that you read it in one sitting."

URBAN DICTIONARY

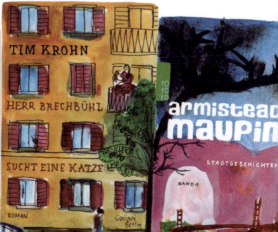

42. Douglas Adams **Per Anhalter durch die Galaxis**

Mehr Kult ist kaum möglich! Als die Erde von den Vogonen zerstört wird, hat der Durchschnittsengländer Arthur Dent Glück: Sein bester Freund Ford Prefect entpuppt sich als Außerirdischer, der ihn mithilfe eines „Subraum-Äther-Winkers" rettet und an Bord eines Raumschiffs bringt. Ford weilte auf der Erde, um für einen galaktischen Reiseführer namens „Per Anhalter durch die Galaxis" zu recherchieren. Was nun folgt, sind fünf Bände (von Fans liebevoll „die vierteilige Trilogie in fünf Bänden" genannt) mit aberwitzigen Abenteuern. Mit an Bord: Love Interest Tricia „Trillian" McMillan, der zweiköpfige Präsident der Galaxis, Zaphod Beeblebrox, der manisch-depressive Roboter Marvin, Deep Thought, Delfine, ein Wal, ein Blumentopf und viele mehr. Wer diese Reihe noch nicht kennt: Ab an die Bar, aber vergiss dein Handtuch nicht! Oh, sorry, ab in die Buchhandlung!

43. Elena Ferrante **Meine geniale Freundin / Die Neapolitanische Saga**

Achtung, Suchtgefahr! Einmal begonnen, lässt sie den Leser nicht mehr los, die opulente, vier Bände und sechs Jahrzehnte umspannende Geschichte über die ungleichen Freundinnen Lila und Elena. Als Lila spurlos verschwindet, blickt ihre Freundin auf ihr gemeinsames Leben zurück - beginnend in einem ärmlichen neapolitanischen

Viertel in den Fünfzigern. Schulzeit, erste Liebe, Karriere, Familie und die Freundschaft der beiden intelligenten, grundverschiedenen Frauen stehen dabei im Mittelpunkt. Ferrante hat ein Epos geschaffen, ein Sittengemälde, dem man sich schwer entziehen kann.

44. Tim Krohn **Herr Brechbühl sucht eine Katze / Menschliche Regungen**

Die literarische Lindenstraße! Ein Haus in Zürich und dessen elf Bewohner. Der Leser verfolgt deren Leben, erfährt von ihren kleinen und großen Sorgen, ihren amourösen Verwicklungen. Jedes Kapitel ist einer menschlichen Gefühlswelt zugeordnet. Daraus entsteht eine geniale Conditio humana unserer Zeit. Hier werden Abenteuerlust, Androgynie, Barmherzigkeit, Charisma, Eros, Ironie, Kleingeist, Milde, Risikofreude, Verwegenheit, Wollust und viele andere beschrieben. Alle elf Bewohner des Hauses werden (trotz oder gerade wegen ihrer Schrullen) so liebevoll dargestellt, dass man sie einfach mögen muss - und alle weiteren Bände der Reihe verschlingt, um zu erfahren, wie es mit ihnen weitergeht.

45. Diana Gabaldon
Feuer und Stein / Die Outlander Saga

Während ihrer Flitterwochen in Schottland betritt die Krankenschwester Claire einen Steinkreis, den Craigh na Dun. Sie wird ohnmächtig - und während sie sich eben noch im Jahr 1945 befand, erwacht sie plötzlich im Jahre 1743 und muss als „Outlander", als Fremde, ihr Leben meistern. Gabaldon hat Millionen von Lesern mit ihrer groß angelegten Saga (acht Bände, jeder um die tausend Seiten) über die große Liebe zwischen Claire und dem Rebell Jamie bewegt und begeistert. Perfekt recherchiert, erzählt sie ein atemberaubendes Epos voll Liebe, Hass, Leidenschaft, Erotik, Schmerz und Krieg. *Ein echtes Leseabenteuer zum Versinken, zum Träumen und Mitfiebern.*

46. Armistead Maupin
Stadtgeschichten

Ursprünglich als Fortsetzungsgeschichten im „San Francisco Chronicle" veröffentlicht, waren die „Tales of the City" so erfolgreich, dass sie in den 1970er- und 1980er-Jahren als fünfbändige Reihe erschienen sind. Heutzutage kann man sie als Kult, vor allem für die LGBTQ-Gemeinde, bezeichnen. Alles beginnt mit der jungen Mary-Ann Singleton aus Cleveland, Ohio, die nach San Francisco kommt und im Haus (Barbary Lane 28) der exzentrischen, Cannabis rauchenden und Kaftan tragenden Anna Madrigal unterkommt. Maupin zeigt eine Welt, in der es vollkommen egal ist, was und wie man ist, hetero, homo, bi oder trans. In den 2000er-Jahren vollendete er die Reihe mit drei weiteren Bänden, griff aktuelle Themen auf und brachte den Lesern die Helden von damals, in Würde gealtert, aber immer noch voller Verrücktheiten, zurück. Und: voller Liebe, Wärme und Mitgefühl — Eigenschaften, die die komplette Reihe durchziehen.

47. George R. R. Martin **Die Herren von Winterfell / Das Lied von Eis und Feuer**

Martins episches Fantasy-Meisterwerk definiert den Begriff „Maßlosigkeit" neu und sprengt jeglichen (Erzähl-)Rahmen. Man kann nur scheitern, möchte man sie hier wiedergeben, die weitverzweigte Geschichte, die - inspiriert durch Begebenheiten aus dem europäischen Mittelalter - auf dem fiktiven Kontinent Westeros spielt, um die 30 Hauptfiguren zählt und vom Kampf um den eisernen Thron erzählt. Eines ist jedoch sicher: Einmal angefangen, kann man sich diesem Strudel aus Gewalt, Intrigen, Sex und Politik schwerlich entziehen. Martin schert sich wenig um erzählerische Konventionen: Nur „Gut" und nur „Böse" gibt es in diesem Epos nicht. Jede Figur trägt viele Schattierungen. Und er stößt des Öfteren seine Leser vor den Kopf: Lieb gewordene Helden müssen überraschend ihr Leben lassen. Niemand und nichts ist sicher. Valar Morghulis!

Andere Länder, **andere Witze**

Die Franzosen schreiben über die Liebe, die Italiener sind leidenschaftlich, die Briten mögen ihre Witze so schwarz wie ihren Tee, die Österreicher haben einen besonderen Schmäh, während die Beziehung der Deutschen zu Humor eher therapiebedürftig ist: Klischee, Klischee? Vielleicht. In der Literatur finden sich aber durchaus einige Stereotypen über unsere europäischen Nachbarn – und das gibt viel Stoff zum Schmunzeln. Deshalb machen wir uns auf zu einer nicht ganz ernst gemeinten Entdeckungsreise durch Europa.
Denn mit einem Augenzwinkern ist das Leben einfach schöner – und macht mehr Spaß.

„Zuletzt öffnete er die Wohnungstür und fand sein Wohnzimmer im proportionalen Verhältnis zu seiner Lebenslust zu klein."

DAVID FOENKINOS – NATHALIE KÜSST

48. Petra Piuk **Lucy fliegt**

Was ist das nur mit den Österreichern und ihrem fiesen Humor! In dieser Persiflage thematisiert Petra Piuk den Wahn, dem junge Menschen im Zuge von DSDS & Co. verfallen, immer den schnellen Ruhm vor Augen, der durch die Medien so greifbar erscheint. Jeder kann berühmt werden, und Protagonistin Lucy ist entschlossen, die Chance - die es nicht gibt - zu nutzen. Sie will nach Hollywood! Dass sie in einer Seifenblasenwelt lebt und ihre Träume zerplatzen, merkt sie nicht. Ihr atemloser, gehetzter Monolog ist Sarkasmus pur. „Die Mama sagt: Und die Gitti, die sich die Brüste fürs Fernsehen machen hat lassen, spricht auch jeder drauf an. Die nennen sie Titti-Gitti, sage ich. Die Mama sagt: Die meinen das ja lieb." Ebenso böse wie großartig!

49. Joachim Meyerhoff **Alle Toten fliegen hoch - Amerika**

Mit diesem Buch beginnt Meyerhoffs groß angelegtes, biografisches Romanprojekt, in dem er sein Leben erzählt. In „Amerika" berichtet er von dem Austauschjahr, das er 1984 in Laramie, Wyoming, verbrachte. Der Leser hat permanent das Gefühl, gemütlich mit ihm ein Bier zu trinken, während er die schönsten Geschichten aus seinem Leben zum Besten gibt. Das Buch ist voll von skurrilen Anekdoten, die davon handeln, wie ein norddeutsches Landei versucht, in der amerikanischen Weite Fuß zu fassen. Schon dieser Teil der Reihe beinhaltet alle Elemente, die Joachim Meyerhoff so außergewöhnlich und erfolgreich machen: die Lust am Erzählen und sein genialer, selbstironischer Humor. Gleichzeitig aber erzählt er auch, wie es sich anfühlt, das erste Mal seine Heimat, sein Nest zu verlassen, sich fremd zu fühlen - und einen geliebten Menschen zu verlieren. Diese Aspekte machen den Roman zu einem Juwel.

50. Marco Balzano **Damals, am Meer**
Es ist herrlich, wie pointiert und klug Marco Balzano drei Generationen anhand von Vater, Sohn und Enkel porträtiert. Sie sind wunderbar italienisch, sie schreien sich an, sie streiten und fluchen, sie sind temperamentvoll und hitzig, aber zurückhaltend, wenn es darum geht, Gefühle zu zeigen. Da werden dann Schultern geklopft und es wird ratlos geschwiegen. Das ist scharfsinnig, authentisch und sehr unterhaltsam. Die intelligente, eindrucksvolle Erzählung widmet sich der Kraft der Erinnerung und ihrem fraglichen Wahrheitsgehalt. *Dies ist ein Buch über das nostalgische Festhalten an der Kindheit, ein Buch über das Meer.*

51. Ernest van der Kwast **Die Eismacher**
Die Geschichte einer Eismacherdynastie, die mehrere Generationen umspannt und in Italien sowie den Niederlanden spielt. *Eine Geschichte über den Wandel, darüber, wie schwer es ist, seiner Berufung zu folgen, seinen eigenen Weg zu gehen und seine Träume zu leben, obwohl man geliebte Menschen enttäuscht.* Van der Kwast hat ein unglaubliches Gespür für Details - er schreibt intensiv und greifbar, mitunter hat der Leser das Gefühl, selbst unter der Markise des Venezia in der Sonne zu sitzen und eine der fabelhaften Eissorten zu genießen. Ein wunderschön erzähltes Buch, fabulierend, sinnlich, melancholisch, witzig.

52. Arto Paasilinna
Der wunderbare Massenselbstmord

„Wenn ein Selbstmord missglückt, ist das nicht unbedingt die traurigste Sache der Welt. Dem Menschen gelingt nicht alles." Mit herrlich zynischem Humor und schrägen Einfällen erzählt der finnische Autor Arto Paasilinna von zwei Männern, die sich zufällig am selben Tag zur selben Zeit in derselben Scheune umbringen wollen. Sie beschließen, den Selbstmord noch ein Weilchen aufzuschieben - und kommen auf die glänzende Idee, sich mit vielen Gleichgesinnten das Leben zu nehmen. Also geben sie eine Annonce auf - und erhalten 600 Zuschriften von verzweifelten Finnen. Mit einem Bus brechen die Anonymen Sterblichen auf zu ihrer letzten Reise ...

53. Nick Hornby
About a Boy

Die Geschichte um den Schwerenöter Will Freeman und den jungen Außenseiter Marcus zählt definitiv zu den schönsten Romanen des britischen Kultautors Nick Hornby. Er beschreibt die Annäherung der beiden Protagonisten, die sich entwickelnde Freundschaft und die daraus resultierende Wandlung. Ein Buch über das Erwachsenwerden (das man in jedem Alter lesen kann), Nirvana, das „Anderssein" und die Liebe. *Witzig, authentisch und voller Wärme.*

54. Mikael Niemi
Populärmusik aus Vittula

Bei Matti und Niila in einem kleinen Dorf im Norden Schwedens ist es sehr langweilig. Deshalb müssen sie sich allerhand ausdenken, um sich die Zeit zu vertreiben. Prügelketten, in die die halbe Verwandtschaft verwickelt wird, Wettkämpfe, Luftgewehrkriege - und Musikmachen. Matti kann nicht singen und Niila ist hoffnungslos an der Gitarre, aber voller Leidenschaft gründen die beiden eine Band. Und die rettet sie durch die Pubertät. Mikael Niemi ist es gelungen, auf originelle und überzeugende Weise über ein so abgeschmacktes Thema wie Jungsprobleme, Erwachsenwerden und Rock 'n' Roll zu schreiben. Sehr erheiternd!

55. David Foenkinos
Nathalie küsst

Ein Kuss, der für alle unerwartet kommt, sogar für die Küssende selbst: Nathalie, die seit Jahren um ihren verstorbenen Mann trauert, küsst eines Tages ihren unscheinbaren, unbeholfenen Kollegen Markus. Und dann entsteht daraus eine so bezaubernde, leichtfüßige Lovestory, wie nur der Franzose David Foenkinos sie schreiben kann. Verfilmt mit Rehauge Audrey Tautou - wem sonst! - und hoffnungslos romantisch, erzählt diese skurrile Geschichte von einer Liebe auf den fünften Blick. Weil es eben manchmal so lange braucht, bis man wirklich in das Herz eines Menschen sehen kann.

Das ist ja **wieder typisch!**

Humor ist universell und tritt in allen menschlichen Kulturen auf. Die Techniken, derer Humor sich bedient, wie etwa Übertreibung, Verspottung oder Wortspiel, sind in allen Kulturen ähnlich. Aber: Was und wie verspottet wird, unterscheidet sich von Gesellschaft zu Gesellschaft. Das gilt dann als typisch deutsch oder typisch amerikanisch - und ist es auch. Nichts ist so schwer, wenn man eine fremde Sprache erlernt, wie die landesspezifischen Witze zu verstehen.

Je schwärzer der Humor, umso spitzer die Pointen. Schwarzer Humor spielt mit den Ängsten, die sich um die Tabus ranken, vermischt Spaß und Schrecken, die ungewöhnliche Übertretung eines Tabus löst das Lachen aus.

Schwarzer Humor bringt das Verdrängte - Angst, Grauen, Ekel, Verzweiflung, Schuldbewusstsein, Pietät - ans Licht, stellt aber gleichzeitig sicher, dass der Hörer keine reale Angst empfinden muss, da seine Existenz nicht bedroht ist. Das Lachen entsteht oft aus Erleichterung. Diese Art von Humor kann die unangenehmen Empfindungen nicht auslöschen, aber sie kann helfen, Traurigkeit, Schmerz und Verzweiflung leichter zu ertragen. Im besten Fall wirkt schwarzer Humor nicht nur erheiternd, sondern auch tröstend.

„An dem Punkt, wo der Spaß aufhört, beginnt der Humor."
WERNER FINCK

Paint it **black**

Schwarzer Humor ist ein Grenzgänger.
Er tritt auf, wenn der Mensch an die Grenze
dessen kommt, was er ertragen kann.
Viktor Frankl beschrieb die Eigenheit des
Menschen, der Verzweiflung ins Gesicht zu
lachen, als „Waffe der Seele im Kampf
um Selbsterhaltung". So wichtig der Humor
für uns ist, verwundert es nicht,
dass er viel Platz in der Literatur findet.
Und dort allerlei Schabernack treibt:
Es gibt unzählige herrlich fiese und
sarkastische Bücher, die man – und das
vereint perfekt die Gegensätze von makabrem
Humor – mit einem lachenden und einem
weinenden Auge liest. Die große Kunst dieser
Bücher besteht darin, dass sie das Leben
zeigen, wie es wirklich ist – und uns trotzdem
damit versöhnen.

„Eigentlich ist es überhaupt nicht seltsam, dass die Menschen sich umbringen", fuhr ich fort. „Viel seltsamer ist doch, wenn sie es nicht tun."

LINA WOLFF – DIE POLYGLOTTEN LIEBHABER

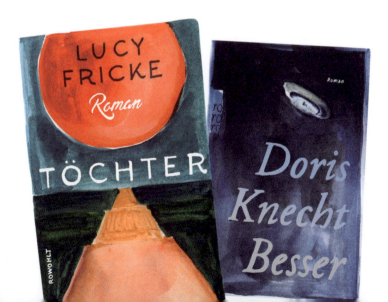

▄ 56. Sibylle Berg **Ein paar Leute suchen das Glück und lachen sich tot**

Hier ist der Titel Programm: Ohne Hoffnung auf Erlösung schildert Berg die Sinn- und Glückssuche von Menschen in der Großstadt. Das klingt schrecklich deprimierend und traurig - ist es auch. Der typische Berg-Zynismus macht diesen Roman jedoch zu einem schwarzen Meisterwerk.

▄ 57. Paul Bokowski **Hauptsache nichts mit Menschen**

Trocken, böse, schwarz. Bokowski versammelt in seinem ersten Buch die besten Alltagsszenen, Dialoge, Zusammenstöße, die man mit Menschen erleben kann. Er seziert den Wahnsinn, der im täglichen Miteinander, ja in der menschlichen Kommunikation überhaupt, einem jeden von uns widerfahren kann. Sarkastisch, absurd — und herrlich politisch unkorrekt.

▄ 58. Jarett Kobek **Ich hasse dieses Internet**

Jarett Kobek hat dieses Buch im Selbstverlag bei Amazon eingestellt - und etwas geschafft, das kaum gelingt: Es wurde von einem Verlag aufgegriffen, in diverse Sprachen übersetzt, ein Superseller. Dass dieser Roman im Internet seinen Anfang nimmt, ist sehr passend, denn das Internet hat er auch zum Inhalt. Silicon Valley, Hipster, Google, Gentrifizierung, Rants und Grids und Likes, geistiges Eigentum und dessen Diebstahl, Geld, Banken, Lug und Trug, Hatespeech: Das ist unsere Welt. Jarett Kobek analysiert sie nicht, er bildet sie ab, und das ist wahrlich schlimm, denn: Alles, was er schreibt, ist wahr.

59. Madeleine Prahs **Die Letzten**

Der neue Eigentümer möchte das Haus abreißen. Grund genug für die letzten drei Bewohner, die sich hassen, sich zusammenzuraufen. Katzen werden vergiftet, Perücken brennen - und am Ende gibt es eine Leiche. Prahs schafft eine Gratwanderung: Sie erzählt von drei gescheiterten Existenzen, aber macht sich niemals lustig über sie, sondern stattet sie mit Biografien aus, die mitten ins Herz treffen und so empathisch sind, dass jeder Leser grinsend zum Mittäter wird. Den dreien zuzusehen, wie sie sich annähern und dabei so etwas wie eine Ersatzfamilie entsteht, ist eine reine Freude. Allerdings teilt Prahs auch gehörig aus, deutsches Spießbürgertum, Hipster, der Immobilienmarkt — dieser Roman verschont niemanden.

60. Lucy Fricke **Töchter**

Martha und Betty sind beste Freundinnen seit Ewigkeiten - beide sind um die 40 und Töchter einer Elterngeneration, die es ihren Kindern nicht leicht gemacht hat: feministische, kämpfende, aber auch egoistische Mütter, gefühlskalte, meist abwesende Väter. Mit einem todkranken Vater auf dem Rücksitz machen sich die beiden auf in die Schweiz, nach Italien und Griechenland. Ein Roadtrip der „Fricke-Art" - eine Reise in die Vergangenheit, eine Auseinandersetzung mit der eigenen Geschichte, den Verletzungen, die das Leben den Menschen zufügt. Bitterböse, ehrlich, schonungslos, lakonisch — und doch mit ganz viel Herz.

61. Doris Knecht
Besser

Die Künstlerin Antonia lebt ein Leben, um das viele sie beneiden - ein reicher, liebevoller Mann, zwei Kinder, ein toller Lover, ein exklusiver Freundeskreis, Kultur in der Wiener High Society. Doch sie hat ein dunkles Geheimnis, das plötzlich ihre komplette Existenz bedroht. Man sollte schon ein wenig misanthropisch veranlagt sein, um dieses Buch zu lieben. Wer jedoch mutig genug ist, wird mit klugen, bitterbösen Reflexionen und Beobachtungen über das Leben und menschliches Verhalten belohnt. Frau Knecht legt den Finger in die Wunde, das ist ehrlich, fies und unglaublich witzig.

62. Anke Stelling
Bodentiefe Fenster

Sandra ist eine dieser hippen Berliner Mütter mit zwei Kindern, die einen Künstlerehemann hat, freie Redakteurin ist und in einem generationsübergreifenden Wohnprojekt lebt. So weit, so perfekt. Doch dies wäre kein böses Buch, würde Stelling dem Leser nicht aufzeigen, wie schnell dieser Traum zum Albtraum werden kann: nämlich dann, wenn frau den Ansprüchen nicht gerecht wird, denen der eigenen Mutter, der anderen Mütter, der Nachbarn und vor allem: den eigenen. Dies ist das Psychogramm einer kaputten Frau mit Helfersyndrom und Selbstwahrnehmungsstörung, die alles besser und anders als ihre 68er-Mutter machen möchte — und im großen Stil scheitert.

63. Lina Wolff
Die polyglotten Liebhaber

Lina Wolff erzählt drei Geschichten, die miteinander verwoben sind. Sie handeln davon, wie schwierig es für Frauen und Männer ist, eine gemeinsame Sprache der Liebe zu finden. Wolff hat Charaktere geschaffen, die so abgewrackt sind, dass es beim Lesen wehtut. Das Leben hat es nicht gut gemeint mit ihnen - sie klammern sich an letzte Hoffnungsschimmer namens Liebe und Nähe. Jede Figur ist verletzt, versehrt, hat Schmerzen erleiden müssen (körperlich wie seelisch). Manche Narben heilen ein Leben lang nicht. Das klingt deprimierend, ist es aber zum Glück nicht, da Wolff ihre Geschichte so böse und bitter erzählt, dass sie zum tiefschwarzen Lesevergnügen wird! So ehrlich hat schon lange niemand mehr über Beziehungen, Verführung, Erniedrigung, Missbrauch und Ausnutzung geschrieben.

64. Maria Semple
Wo steckst du, Bernadette

Bernadette ist als Charakter „superbitchy", sehr fies, gehässig, sarkastisch und absolut hinreißend. Zwar verstecken sich hinter ihrer „Talk to my hand"-Attitüde schwerwiegende Probleme, aber diese Kurve kriegt die amerikanische Autorin Maria Semple so hervorragend, dass sich selbst darin noch Ironie erkennen lässt. Das Buch ist dank der verschiedenen Erzählmethoden - E-Mails, Briefe, Notizen, Berichte - originell und lebendig. Die Ereignisse sind unfassbar absurd, im Kleinen, etwa als Nachbarschaftsstreit, wie im Großen, wenn es um die Familie und ihren Zusammenhalt geht. Das ist Humor von seiner besten Seite!

65. Yasmina Reza
Glücklich die Glücklichen

Yasmina Reza hat eine unglaublich spitze Feder und begeistert mit einer ordentlichen Dosis Ironie, Abgebrühtheit und Resignation. Auf sehr ungewöhnliche Art durchleuchtet sie in diesem Roman, der keine durchgängige Story bietet, sondern in viele Perspektiven gesplittet ist, einen kleinen Kosmos: Eltern, Großeltern, Freunde, verheiratet, verliebt, einsam, voller Hass, voller Klagen. Jeder hat ein anderes Päckchen zu tragen, keiner trägt es mit Würde: Es wird nach Herzenslust lamentiert. Das ist so bitter und niederschmetternd — und bei all der Düsternis trotzdem noch überraschend amüsant.

Raterunde

Das folgende Quiz macht nicht nur Spaß -
es macht dich auch zum Small Talk-Star in der nächsten
Gesprächsrunde mit belesenen Menschen!
Gern geschehen.

Sybille Berg ist ausgebildete ...
a) Physiotherapeutin
b) Puppenspielerin
c) Homöopathin

Paul Bokowski wird in der Comedy-Szene auch ...
a) Mario Barth der Intellektuellen
b) Woody Allen des Wedding
c) Cindy aus Marzahns polnischer Cousin
... genannt.

Welche dieser Autorinnen stand bisher nie auf der Longlist des Deutschen Buchpreises, wurde aber mit dem Bayerischen Buchpreis ausgezeichnet?
a) Anke Stelling
b) Doris Knecht
c) Lucy Fricke

LÖSUNGEN: 1B, 2B, 3C

„Seitdem ich aufgrund beunruhigender
Geräusche aus der Wohnung unter mir
die Polizei rufen musste, hört mein grob-
schlächtiger Nachbar neuerdings immer ganz
laut die Scorpions, wenn er seine Frau ver-
prügelt. Hätte ich doch das Maul gehalten."
PAUL BOKOWSKI - HAUPTSACHE NICHTS MIT MENSCHEN

„Ich bin sehr lichtempfindlich.
Psychisch, meine ich."
YASMINA REZA - GLÜCKLICH DIE GLÜCKLICHEN

„Please step aside because I'm about to kick the shit out of life."
MARIA SEMPLE - WO STECKST DU, BERNADETTE

„The internet was a wonderful invention.
It was a computer network which people used to remind
other people that they were awful pieces of shit."
JARETT KOBEK - ICH HASSE DIESES INTERNET

„Wenn ich vielleicht mal meine Homepage überarbeite? Mein Netzwerk erweitere, mich noch unentbehrlicher mache? Mich immer weiter anpasse, so lange, bis mich niemand mehr erkennt?"
ANKE STELLING - BODENTIEFE FENSTER

„Wer Liebe für das Größte hält", hatte Herbert geschrieben, „der war noch nie nach zehn Bier pinkeln."
MADELEINE PRAHS - DIE LETZTEN

„Keiner ist da, um Vera zu gratulieren. Was soll mir auch wer gratulieren, und vor allem wozu? Denkt Vera. Wer bis 30 nicht versteht, worum es geht, wird es nicht mehr begreifen. Vera trinkt Kaffee. Sie guckt dabei ihre Beine an. Da sind blaue Adern drauf, die gestern da noch nicht waren. Seit ihrem 30. Geburtstag findet Vera andauernd Dinge an sich. Dinge, die zu einem Menschen gehören, der nicht mehr jung ist. Das Leben ist wie Auto fahren, seit Veras 30. Geburtstag. Eine Fahrt, so eine Straße lang, am Ende eine Mauer zu sehen, auf die das Auto auftreffen wird. Und links und rechts nur bekannte Gebiete. Das Auto fährt immer schneller, seit Vera 30 wurde. Warum anhalten. Geht nicht. Aussteigen, um zu laufen, warum?"
SIBYLLE BERG -
EIN PAAR LEUTE SUCHEN DAS GLÜCK UND LACHEN SICH TOT

Bissige Bonmots

Bekannt für ihre scharfen Zungen waren unter anderem die folgenden Autoren und Autorinnen:

OSCAR WILDE

„Langeweile ist eine Sünde,
für die es keine Absolution gibt."

„Ich liebe es, Theater zu spielen.
Es ist so viel realistischer als das Leben."

NANCY MITFORD

„Ich liebe Kinder vor allem, wenn sie schreien,
weil dann jemand kommt und sie mitnimmt."

„Um sich zu verlieben, muss man gerade dafür anfällig
sein - wie bei einer Krankheit."

THOMAS BERNHARD

„Es ist alles lächerlich, wenn man an den Tod denkt."

„Menschen, die ein Gespräch führen wollten,
waren mir schon immer verdächtig. Gut reden kann
man mit einfachen Leuten."

TRUMAN CAPOTE

„Ehe man den Kopf schüttelt, vergewissere man sich,
ob man einen hat."

„Der Unterschied zwischen einem guten und
einem schlechten Gewissen besteht oft nur in einem
bisschen Vergesslichkeit."

KURT TUCHOLSKY
„Der Leser hat's gut: Er kann sich seine Schriftsteller aussuchen."

„Nichts ist schwerer und erfordert mehr Charakter, als sich in offenem Gegensatz zu seiner Zeit zu befinden und laut zu sagen: Nein!"

DOROTHY PARKER
„Ich kümmere mich nicht darum, was über mich geschrieben wird – solange es nicht wahr ist."

„Noch ein Martini, und ich lieg unterm Gastgeber."

„Liebe ist wie Quecksilber, das man in der Hand hat. Lass die Hand offen, und es bleibt. Versuche, es festzuhalten, und es springt davon."

WILHELM BUSCH
„Dummheit ist auch eine natürliche Begabung."

„Wer sagt, die ganze Welt sei schlecht, der hat wohl nur so ziemlich recht."

GEORG KREIßLER
„Der Kabarettist pudert die Realität mit Arsenik."

„Als wir noch dünner waren, standen wir uns näher."

„Wenn die Geigen lauter geigen und die Selbstmordziffern steigen, merkt man gleich, der Frühling ist jetzt nah."

Mordlustig

Hört man das Wort „Krimi", denkt man sofort an Mord und Totschlag. Die dunkle Seite der Seele, Schmerz und Leid. Menschliche Abgründe. Dass man sich diesem Genre jedoch gänzlich anders nähern kann, beweisen die folgenden Titel: Natürlich ist auch hier ein Verbrechen der Aufhänger für die Geschichte, meist ist es jedoch zweitranging. Statt um das Lösen eines komplizierten Mordfalls geht es um die Menschen, ihre Eigenarten und das Leben an sich. Besonders erwähnt sei hier ein Subgenre, das immer erfolgreicher wird: der Regionalkrimi. Einer bestimmten Region verhaftet, schafft er ein Heimatgefühl für den Leser und nimmt die Bewohner liebevoll aufs Korn. Schon am Apollotempel im Heiligtum von Delphi stand geschrieben: „Nosce te ipsum" – Erkenne dich selbst! –, und was macht bitte glücklicher, als sich wiederzufinden und auch mal über sich selbst lachen zu können.

„Das wichtigste Rezept für den Krimi: Der Detektiv darf niemals mehr wissen als der Leser."

AGATHA CHRISTIE

66. Ingrid Noll
Der Hahn ist tot

Mit 52 Jahren trifft die Liebe Rosemarie Hirte wie ein Blitz. Sie, die alleinstehende Sachbearbeiterin in einer Rechtsschutzversicherung. Sie, die graue Maus, mit der es das Leben nicht gut gemeint hat. Manch einer würde sie gar als alte Jungfer bezeichnen. Bei einem Volkshochschulkurs verliebt sie sich Hals über Kopf in ihren Dozenten. Und für diese Liebe wird Rosemarie über Leichen gehen. Ingrid Noll zu lesen, ist wie „heimkommen", ihre Romane strahlen eine deutsche Gemütlichkeit aus. Sie erzählt von Menschen und gutbürgerlichen Milieus, die man kennt. Von Damen im besten Alter, die (oft unfreiwillig) Schandtaten begehen, um ihr Stück vom Glück zu bekommen. *Der Leser muss seinen moralischen Kompass neu justieren, freut sich aber insgeheim über jede Leiche und fiebert mit den Antiheldinnen mit.*

„Die Lust am Bösen ist unsterblich."

INGRID NOLL

67. Jörg Maurer
Föhnlage

Mit „Föhnlage" legte Musikkabarettist Jörg Maurer 2009 den Grundstein für seine Reihe um den „bewegungsblinden" Kommissar Hubertus Jennerwein. Die eigentliche Krimihandlung ist hier meist Nebensache, wahnwitzige Dialoge, (charmante) Seitenhiebe auf die bayerische Lebensart, kuriose Charaktere, jede Menge Situationskomik und viel schwarzer Humor dominieren das Lesevergnügen.

68. Wolf Haas
Komm, süßer Tod

„Jetzt ist schon wieder was passiert", so beginnen alle Brenner-Krimis des österreichischen Autors Wolf Haas, dessen Buchreihe um den grantigen Privatdetektiv längst Kultstatus erreicht hat. Einige Teile, darunter dieser, wurden mit Josef Hader verfilmt. Und es passiert auch wirklich allerhand: Ein Mann und eine Frau werden, sich küssend, gleichzeitig erschossen, Kreuzretter und Rettungsbund kämpfen um Patienten, und Brenner gerät selbst in Gefahr, sodass der süße Tod fast zu ihm kommt. Lakonisch, spannend und mit Sprachwitz — ein echter Wolf Haas eben.

69. Volker Klüpfel & Michael Kobr
Milchgeld

Mit Kommissar Adalbert Ignatius Kluftinger (von seinen Fans liebevoll „Klufti" genannt) hat das Autorenduo Klüpfel/Kobr eine echte Kultfigur geschaffen. In mittlerweile zehn Fällen hat der deutsche Columbo nun schon im Allgäu ermittelt und ist dabei seinen Fans mit all seiner Spießigkeit und seinen Verschrobenheiten ans Herz gewachsen.

70. Helen Fitzgerald
Furchtbar lieb

Helen Fitzgerald erzählt mit Witz und Tempo. Gleich zu Beginn stattet sie ihre Charaktere mit einer gehörigen Portion Frust, Neid und unterdrückter Wut aus – um diese explosive Mischung im geeigneten Moment hochgehen zu lassen. Dann, wenn es dunkel ist und keiner die Schreie hört, natürlich. Eifersucht, Misstrauen und unerfüllte Wünsche zermürben die Protagonisten und treiben sie zum Äußersten. Krissie bekommt nach einem Teneriffa-Urlaub ein Baby, das beim Toilettensex mit einem Fremden entstanden ist. Ihre Freundin Sarah dagegen ist ungewollt kinderlos, verzweifelt und am Ende ihrer Ehe. Von einem gemeinsamen Wanderurlaub in Schottland schaffen es nicht alle lebend zurück …

71. Rita Falk
Winterkartoffelknödel

Nach einem Zwischenfall in München wird der Polizist Franz Eberhofer in die niederbayerische Provinz strafversetzt. Doch auch in der Idylle des fiktiven Orts Niederkaltenkirchen ruht das Verbrechen nicht, und so hat Eberhofer nicht nur mit seinem kiffenden Vater und seiner halbtauben Großmutter alle Hände voll zu tun, sondern muss auch noch einen Mehrfachmord aufklären. Rita Falks Romane sind wunderbar böse. Die Krimiplots bilden den Aufhänger, dem Leser klug beobachtete Szenen aus jedermanns Nachbarschaft näherzubringen und die heile Welt, mit Figuren, die jeder kennt, zu dekonstruieren. Falk wird oft als Nachfolgerin Ludwig Thomas und Karl Valentins bezeichnet. Und es gibt wahrlich schlimmere Vergleiche!

> ## Zusammen ist man
> ## **weniger allein**

Das Lesen an sich ist ja ein sehr einsamer Prozess. Nur du, dein Buch und die Geschichte, die sich vor deinem inneren Auge entfaltet. Umso schöner, dass es viele Wege gibt, sich mit anderen über das Gelesene auszutauschen, sei es nun klassisch in einem Lesekreis oder in den sozialen Medien: Literaturblogs im Netz, Instagram bzw. #bookstagram, „Booktuber" bei Youtube oder Literaturpodcasts. All dies sind wunderbare Möglichkeiten, sich mit Gleichgesinnten zu vernetzen und die Liebe zum Buch zu verbreiten und zu teilen. Ebenso vielfältig wie die Genres sind die Arten des Austauschs. Man kann selbst ein Teil davon sein und Beiträge posten oder einfach nur folgen und sich inspirieren lassen.

Meine liebsten Accounts:

@the_zuckergoscherl und @literarischernerd

Tipps zur Vernetzung:

Sogenannte „Hashtags to follow":
#igreads #bookstagram #bookishfeatures #booknerd #bookporn #literature #makereadingsexyagain #bookish #bookstore #booksofinstagram #amreading #alwaysreading #booktography #bookishlove #becauseofreading #reader #libro #buch #bookworm #buecherliebe #bibliophile #leseliebe #goodreads

---

Wusstet ihr schon, was folgende Hashtags bedeuten?

#bookstack:
wenn man einen Bücherstapel fotografiert

#bookshelfie
wenn man sein Bücherregal fotografiert

#bookhaul
wenn man seine neu erworbenen Bücher zeigt
(haul = Beute)

Das süße **Lesen**

Lesen ist wie Genießen mit den Augen.
Wie küssen, wie streicheln, wie schmecken
und fühlen und sehen und riechen. Lesen ist
eine sinnliche Erfahrung. Denn ein gutes Buch
erreicht uns dort, wo wir am intensivsten
empfinden: im Gehirn. Es geht uns durch und
durch. Es macht uns Gänsehaut und lässt uns
trotzdem nicht kalt. Wenn Genuss und
Literatur eins werden, entstehen Bücher,
die in jeder Hinsicht anregend sind.
Da bekommt man beim Lesen garantiert Hunger.
Und Lust auf mehr!

—❋—

„Es ist besser, zu genießen und zu bereuen, als zu bereuen, dass man nicht genossen hat."

GIOVANNI BOCCACCIO

Martin Suter
Der Koch

Roman · Diogenes

> **Reine Geschmackssache**

Zahlreiche literarische Figuren sind für ihren kulinarischen Feinsinn bekannt – und wer von ihren köstlichen Abenteuern liest, bekommt Hunger auf mehr. In diesen Krimiserien, von denen wir als kleinen Appetitanreger den ersten Teil, den Protagonisten sowie den Ort, an dem sie spielen, aufgelistet haben, wird nicht nur nach Mördern gesucht, sondern auch nach Gaumenfreuden. In manchen findet ihr Rezepte, aus anderen entstanden sogar eigene Kochbücher. Somit könnt ihr nach Herzenslust miträtseln, nachkochen und genießen!

Welcher Kommissar gehört zu welchem Ort?

Xavier Kieffer
Kommissar Dupin
Bruno Courrèges
Guido Brunetti
Nero Wolfe
Salvo Montalbano
Franz Eberhofer
Adalbert Ignatius Kluftinger
Jules Maigret
Kommissar Cüppers

Sizilien _____

Venedig _____

Allgäu _____

Luxemburg _____

Bretagne _____

Köln _____

New York _____

Périgord _____

Paris _____

Bayern _____

72. Martin Suter
Der Koch

Martin Suter verarbeitet Themen wie die Weltwirtschaftskrise, den Bürgerkrieg in Sri Lanka und „Love Food". Der Tamile Maravan fristet sein Dasein als Küchenhilfe in einer Nobelküche in Zürich. Was niemand weiß: Er ist ein wahrer Zauberer am Herd. Die Speisen, die er zubereitet, wirken wie Aphrodisiaka. Als er seinen Job verliert, ist schnell eine neue Geschäftsidee geboren: Zusammen mit einer Kollegin gründet er einen Catering Service – und der wird viele Paare glücklich machen. Krimi, Gesellschaftskritik, Liebesgeschichte – und doch stehen die Sinnlichkeit, die Erotik des Kochens im Vordergrund. Eine kulinarische Verführung der literarischen Art!

73. Okka Rohd
Herdwärme

Allein der Titel weckt Assoziationen ... Wärme, Geborgenheit, Erinnerungen, Familie, Zusammensein. Dieses Buch ist eine Liebeserklärung an das Kochen und das Genießen. Rohd, die sich als leidenschaftliche, aber durchschnittliche Köchin bezeichnet, besuchte zwei Jahre lang die ganz Großen, ließ sich zeigen, wie man ein Wiener Schnitzel zubereitet, neapolitanische Pizza macht, das perfekte Steak brät. Und sie lernte viel mehr als das. Das Buch trägt den Untertitel „Eine kleine Kochschule für das große Glück zu Hause", und genau dies ist die Essenz dieses Schatzes, der in jede Küche gehört: Nimmt man sich Zeit fürs Kochen, probiert und testet man aus, entdeckt man die Sinnlichkeit dessen, was man da kreiert. Vielleicht, so der Tenor Rohds, kann man sich darin so sehr verlieren, dass man sich am Ende selbst wieder näherkommt.

74. Elizabeth Gilbert
Eat Pray Love

An dieses Buch kann man nicht denken, ohne Julia Roberts vor Augen zu haben: Mit ihr in der Hauptrolle wurde es verfilmt. Der ganz große Coup ist Elizabeth Gilbert mit der Geschichte ihrer Selbstfindung gelungen: Alle wollten das lesen. Sie schreibt ehrlich, intelligent und frei von Besserwisserei über ihre Suche, ihre Entdeckung der Spiritualität, ihr Empowerment als Frau. Vor allem geht es in diesem Buch um Gelüste - und zwar jeder Art. Das ist nicht immer frei von Kitsch, aber es ist schön und mutig und regt zum Nachdenken an.

Was mich glücklich macht:

♥

♥

Bücher, die für mich ein Genuss waren:

_____

_____

_____

_____

_____

_____

_____

_____

_____

#happiness

Hygge ist im Trend, heißt es, denn die Dänen haben's drauf: Sie sind zufrieden. Aber meint dieser Begriff, der seit 2017 durch die Lifestyle-Magazine geistert und Marketingmenschen eifrig nicken lässt, wirklich etwas so Neues? Hat er tatsächlich das französische Savoir-vivre, das buddhistische Zen-Bewusstsein und das italienische Dolce Vita abgelöst? Oder steckt nicht vielleicht im Endeffekt dasselbe dahinter?

Denn eigentlich braucht es für jedes Glückskonzept — wie auch immer es heißen mag — vor allem eins: Zeit. Den Willen, sich einen Moment zu gönnen.

Die Ruhe, sich dem Genuss zu widmen. Dieser kann verschiedene Formen und Farben haben – allein mit einem Buch in der Badewanne, mit Freunden vor einem Kamin, mit der Familie bei Zimtschnecken und heißer Schokolade. Ein Patentrezept für die Zufriedenheit gibt es nicht. In keinem Land der Welt. Hyggelige Accessoires werden nicht dafür sorgen, dass das Glücksgefühl sich einstellt. Das muss man schon selbst tun.

> „Ein Raum ohne Bücher ist ein Körper ohne Seele."
> CICERO

„Lesen stärkt die Seele."
VOLTAIRE

„Wenn es mir schlecht geht, gehe ich nicht in die Apotheke, sondern zu meinem Buchhändler."
PHILIPPE DIJAN

Love lifts us up
where we belong

Liebe, aus dem mittelhochdeutschen „liep", was Gutes, Angenehmes, Wertes bedeutet, muss zwangsläufig in ein Buch, das gute Laune macht. Denn was könnte uns mit mehr Glück erfüllen, als zu lieben und geliebt zu werden? Allerdings haben wir Titel gewählt, die nicht unbedingt jeder kennt und jeder nennt, wenn er berühmte Paare der Literaturgeschichte aufzählen soll. Romeo und Julia? Elizabeth Bennet und Mr Darcy? Scarlett O'Hara und Rhett Butler? Juri Schiwago und Lara? Ja, eh. Aber wir haben Lio und Yannis, Mara und Andrej, Tina und Max und Emmi und Leo für euch.
Und ihr werdet sie lieben!

„Und wie bei der Liebe braucht man beim Lesen nichts weiter als die Fähigkeit, sich fallen zu lassen."

ANDREAS SÉCHÉ - ZWITSCHERNDE FISCHE

75. Ruth Cerha **Bora. Eine Geschichte vom Wind**

Die Bora weht ungewöhnlich heftig und treibt die Inselbewohner in den Wahnsinn. Es könnte also einfach am Wetter liegen, dass Mara so aus der Bahn geworfen wird, als sie den Fotografen Andrej kennenlernt. Oder es ist vielleicht doch ein wenig Verliebtheit im Spiel. Es ist schön, wenn zwei sich treffen, sich sehen bis innendrin, sich erkennen, sich lieben, wenn alles zusammenpasst und ineinanderfällt. Davon erzählt Ruth Cerha in diesem gefühlvollen Liebesroman. Und zeigt: Es ist egal, ob man ein Teenie ist oder Ende vierzig — wenn die Schmetterlinge durch den Bauch tanzen, kann man nicht mehr klar denken.

76. Andreas Séché **Zwitschernde Fische**

Als Yannis eines Tages eine alte Buchhandlung in Athen betritt, ist es um ihn geschehen: Er verliebt sich in den geheimnisvollen Ort, in die Bücher - und in die schöne Buchhändlerin Lio. In ihr scheint er eine Seelenverwandte gefunden zu haben, die die Literatur ebenso achtet. Und als Lio verschwindet, setzt er alles daran, sie zu finden. Andreas Séchés Roman ist wie eine Waldlichtung, auf die das goldene Licht genau im richtigen Winkel fällt, wie der Zuckerguss auf dem Karottenkuchen, wie ein ausgelassenes Lachen an einem verregneten Tag. Er ist heiter und wunderbar unernst, originell und mystisch, schert sich nicht um die Konventionen der Wirklichkeit, wartet mit einer passenden Auflösung auf - und mit allerlei Informationen zu den weltbewegenden Romanen unserer Zeit. Eine ganz andere Liebesgeschichte.

77. Daniel Glattauer **Gut gegen Nordwind**
Alles beginnt mit einer falsch zugestellten E-Mail. Leo möchte ein Zeitschriftenabo kündigen - und landet bei Emmi. Daraus entspinnt sich der wohl schönste E-Mail-Austausch der deutschsprachigen Literatur. Von Mail zu Mail wird die Beziehung der beiden tiefer, fester, intimer - Glattauer schreibt so wunderbar, dass der Leser kaum die nächste E-Mail erwarten kann und mitfiebert, wie sich die Beziehung für die beiden Königskinder wohl entwickeln wird. Denn was wäre eine Lovestory ohne echte Hindernisse?

78. Alex Capus **Das Leben ist gut**
Zum ersten Mal seit 25 Jahren ist das Ehepaar Tina und Max getrennt: Tina geht für ein Jahr nach Paris - ein Jobangebot, das sie nicht ausschlagen kann. Max bleibt mit den Söhnen in der Schweiz, wo er eine Bar betreibt. Die Trennung von Tina macht ihm zu schaffen, und so beginnt er, sein Leben zu reflektieren und sich auf die Dinge zu besinnen, die es überhaupt erst lebenswert machen: Freundschaften, die kleinen Momente des Glücks im Alltag und natürlich - die Liebe. Ein Roman, so charmant, liebevoll und ja, auch melancholisch, jedoch immer mit einem Augenzwinkern erzählt. Das Leben wird dadurch vielleicht nicht gut — aber definitiv besser. Versprochen. Und das Wechseln von Glühbirnen wird man danach mit vollkommen anderen Augen sehen.

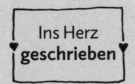

Ins Herz geschrieben

Gleich und Gleich gesellt sich gern? Das sehen auch Schriftsteller so - und verbandeln sich gern liebestechnisch miteinander. Diese berühmten Autoren der Weltgeschichte waren oder sind Liebespaare:

Arthur Rimbaud
&
Paul Verlaine

― ♥ ♥ ♥ ―

Paul Auster
&
Siri Hustvedt

― ♥ ♥ ♥ ―

Ingeborg Bachmann
&
Max Frisch

― ♥ ♥ ♥ ―

Simone de Beauvoir
&
Jean-Paul Sartre

― ♥ ♥ ♥ ―

Martha Gelhorn
&
Ernest Hemingway

— ♥ ♥ ♥ —

Sylvia Plath
&
Ted Hughes

— ♥ ♥ ♥ —

Jessica Durlacher
&
Leon de Winter

— ♥ ♥ ♥ —

Virginia Woolf
&
Vita Sackville-West

— ♥ ♥ ♥ —

Irmgard Keun
&
Joseph Roth

— ♥ ♥ ♥ —

Eindeutig **zweideutig**

Was für ein schönes Wort ist eigentlich Kopfkino? Pure Fantasie. Bilder, die man abspulen lässt, bloß für sich selbst. Ein Film, den niemand sonst sehen kann. Und den man einfach nur genießt. Wenn erotische Literatur gut gemacht ist, sind Worte wie Berührungen. Die ein feines Prickeln auslösen. Für wohlige Hitze sorgen. Und uns auf angenehme Weise ins Schwitzen bringen. Schon seit Jahrhunderten schreiben Autoren über Sex – und bekamen dabei manchmal, wie etwa D. H. Lawrence und John Cleland, ernste Probleme mit der Zensurbehörde. Heute können wir uns ohne Einschränkungen von aufregend erregender Literatur verführen lassen. In diesem Sinne: Möge die Vorstellung beginnen!

— ♡ —

„I want to fall in love in such a way that the mere sight of a man, even a block away from me, will shake and pierce me, will weaken me, and make me tremble and soften and melt."

ANAÏS NIN

79. Helmut Krausser **Geschehnisse während der Weltmeisterschaft**

Im Jahr 2028 findet in Kopenhagen die elfte Sex-Weltmeisterschaft statt, und Leon hat mit seinem Team gute Chancen, den Sieg für Deutschland zu holen. Jeden Tag trainiert er das Vögeln. Und unglücklicherweise ist er in seine Trainingspartnerin Sally verliebt … Dieses Buch ist großartig. Endlich mal was Neues, endlich mal Fantasie und Utopie und Gestörtheit! Helmut Krausser schreibt über das Zusammenspiel und die Getrenntheit von Sex und Liebe, über eine Obsession, die außer Kontrolle gerät, über die Politik der Zukunft und die Rückkehr zu intoleranten Weltanschauungen. Sex als satirisches Mittel für eine Gesellschaftskritik zu verwenden, ist freilich nicht neu und trotzdem genial.

80. Benoîte Groult **Salz auf unserer Haut**

Mit 65 Jahren schrieb Groult diesen autobiografischen Bestseller, an dem sich die Geister schieden: „Hausfrauenporno", „emanzipatorischer Befreiungsschlag" oder aber auch „Hymne an den Phallus" hieß es. Die Wahrheit liegt wie so oft irgendwo dazwischen. Mittlerweile aber ist die Geschichte um die geheime, Jahrzehnte andauernde Liebesaffäre einer Pariser Intellektuellen und eines bretonischen Fischers nicht nur aufgrund ihrer expliziten, unbändigen Darstellung von Sinnlichkeit und Leidenschaft zum modernen Erotikklassiker avanciert.

81. Anaïs Nin **Das Delta der Venus**

„Dies ist das schönste und direkteste Buch, das je von einer Frau geschrieben wurde. Was es zum doppelten Genuss macht, ist seine Sprache: delikat und geschmeidig, direkt und sinnlich", hieß es im „New Yorker" über dieses Werk, das Anaïs Nin als Auftragsarbeit für einen Sammler schrieb. Die 15 Geschichten handeln ausschließlich von Sex und Leidenschaft, was dazu führte, dass der Sammelband, 1977 erst erschienen, 1983 in Deutschland als „jugendgefährdend" eingestuft und beschlagnahmt wurde. Seit 2002 gibt es jedoch eine vollständige Taschenbuchausgabe dieser erotischen und unverblümten Storys – die auch nach achtzig Jahren nichts von ihrer Aktualität verloren haben.

Bad Sex Award

Schlechter Sex ist nicht unbedingt preiswürdig. Schlecht geschriebener Sex aber sehr wohl: Seit 1993 verleiht die britische Literaturzeitschrift „Literary Review" den Bad Sex Award für Sexszenen, bei denen man nicht vor Erregung, sondern vor Abscheu Gänsehaut bekommt. Besonders kurios: Verdient haben sich den bisher fast ausschließlich Männer. Nominiert waren bereits auch Größen wie Haruki Murakami, John Updike, Tom Wolfe und Richard Flanagan.

Lust auf **mehr?**

Diese berühmten sinnlichen Titel sind goldene Tickets für schlüpfriges Kopfkino:

- **Liebeskunst – Ovid**

- **Tausendundeine Nacht – Anonym**

- **Yonosuke, der dreitausendfache Liebhaber – Ihara Saikaku**

- **Die Memoiren der Fanny Hill – John Cleland**

- **Gefährliche Liebschaften – Choderlos de Laclos**

- **Justine oder die Nachteile der Tugend – Marquis de Sade**

- **Mein Leben – Giacomo Casanova**

- **Lelia – Georges Sand**

- **Venus im Pelz – Leopold von Sacher-Masoch**

- **Nana – Émile Zola**

- **Josephine Mutzenbacher – Anonym**

- **Traumnovelle – Arthur Schnitzler**

- Lady Chatterleys Liebhaber – D. H. Lawrence

- Notre-Dame-des-Fleurs – Jean Genet

- Sexus – Henry Miller

- Geschichte der O – Pauline Réage

- Lolita – Vladimir Nabokov

- Giovannis Zimmer – James Baldwin

- Emmanuelle oder die Schule der Lust – Emmanuelle Arsan

- Angst vorm Fliegen – Erica Jong

- Der Liebhaber – Marguerite Duras

- Betty Blue – Philippe Djian

„Erotik ist die Überwindung von Hindernissen. Das verlockendste und populärste Hindernis ist die Moral."
KARL KRAUS

Die Welt auf **Pause**

Manchmal brauchen wir alle eine kleine Auszeit von der Realität. Was gibt es dann Schöneres, als zu einem Schmöker zu greifen, der sich liest, als würden die Worte uns mit einer Kuscheldecke umschmeicheln? Ein Schmöker, der uns eine Geschichte erzählt, die uns in ferne Welten bringt, in vergangene Zeiten? Eine Geschichte, die so voller überbordender Gefühle ist, dass unser Herz wie wild zu schlagen beginnt? Fernab all unserer eigenen alltäglichen Sorgen und Nöte tut ein solches Buch einfach nur gut. Eskapismus pur in Romanform und Urlaub für die Seele. Mit folgenden Büchern ist dies jederzeit möglich …

„My heroines are always virgins. They never go to bed without a ring on their fingers; not until page 118 at least."
BARBARA CARTLAND

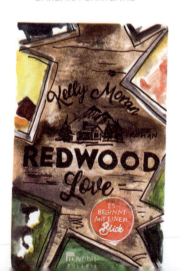

82. Nicolas Barreau
Das Lächeln der Frauen

Die junge Restaurantbesitzerin Aurélie wird von ihrem Freund verlassen. Von Liebeskummer erfüllt, streift sie durch die Straßen von Paris. In einer Buchhandlung findet sie einen Roman, der nicht nur ihr Lokal beschreibt, sondern in dem sie selbst auch als Figur vorkommt. Ab sofort tut Aurélie alles, um den menschenscheuen Autor ausfindig zu machen … Nicolas Barreau zu lesen, ist Balsam fürs Herz. Nahezu jedes seiner Werke spielt in Paris, ist so durchtränkt von Atmosphäre und französischem Flair, dass das frankophile Herz nur so pocht. *Viel Liebe, ein wenig Drama, vermischt mit wohldosiertem Kitsch — fertig ist der perfekte Unterhaltungsroman.*

83. Lucinda Riley
Die sieben Schwestern

Lucinda Riley ist die Königin des gehobenen Unterhaltungsromans. „Die sieben Schwestern" ist der Auftakt der gleichnamigen Reihe um die adoptierten Töchter von Pa Salt, die jede für sich nach dessen Tod einen Umschlag erhält, der einen Hinweis auf ihre Herkunft beinhaltet, und sich auf das Abenteuer ihres Lebens begibt. Riley erzählt episch und prachtvoll. Ihre Protagonistinnen decken Familiengeheimnisse auf, bereisen die exotischsten Länder und erleben dabei stürmische Liebesabenteuer. Wenn es ein exemplarisches Beispiel für die perfekten Schmöker gibt, Geschichten, die dem Leser Welten öffnen, in die er so tief eintaucht, dass er alles um sich herum vergisst und liegen lässt, muss man einfach die von Lucinda Riley zuallererst nennen.

84. Kelly Moran
Redwood Love

Nach einer gescheiterten Ehe zieht Avery mit ihrer Tochter ins malerische, verschneite Reedwood, Oregon. Dort lernt sie sexy Cade kennen, der mit seinen zwei Brüdern eine Tierarztpraxis leitet. Bis Avery und Cade zusammenfinden und einander in den Armen liegen dürfen, müssen natürlich noch einige Hindernisse überwunden werden. In der Zwischenzeit lernt der Leser nahezu alle bezaubernden Bewohner dieses Örtchens kennen und lieben, nimmt am Klatsch und Tratsch der Dorfgemeinschaft teil – und würde am Ende am liebsten selbst die Koffer packen, um in einer Traumwelt wie der von Redwood zu leben. **Wenn eine Geschichte so etwas schafft, dann ist die Alltagsflucht perfekt.**

Friends **forever**

„Die Freunde, die man um vier Uhr morgens anrufen kann, die zählen", ist ein Zitat, das Marlene Dietrich zugeschrieben wird, und ja, doch, da steckt schon viel Wahrheit drin, weil es natürlich meint: Dann ist jemand ein Freund, wenn er immer für einen da ist, egal, um welche Uhrzeit. Wahre Freunde sind für uns jene, bei denen wir sein dürfen, wie wir sind, ohne dass sie uns verurteilen. Und vielleicht sind Bücher keine Menschen, aber Freunde können sie trotzdem sein: Wir wollen nicht ohne sie leben. Sie ertragen es, wenn wir weinen, sie bringen uns zum Lachen. Sie sind immer für uns da, auch um vier Uhr morgens.

―

„I want to go on being a student", I told him. „I want to be a teacher. I'm just a reader", I said. „DON'T SOUND SO ASHAMED", he said. „READING IS A GIFT."

JOHN IRVING – OWEN MEANY

85. John Irving
Owen Meany

Er ist kleinwüchsig, hat eine piepsige Stimme (dargestellt in Großbuchstaben) und wird ständig verspottet: Owen Meany. Im New Hampshire der 1950er-Jahre hat er nur einen Freund, John Wheelwright, mit dem er am liebsten Basketball spielt. Damit Owen einen Korb werfen kann, hebt John ihn hoch. Doch als durch Owens Schuld Johns Mutter stirbt, ändert sich alles. Der siebte Roman des Großmeisters John Irving, den er als Hommage an „Die Blechtrommel" von Günter Grass geschrieben hat, ist tieftraurig und wild und witzig. Er handelt von der Kraft der Freundschaft, von Religiosität und Menschlichkeit. Niemand kann derart skurrile Figuren erfinden wie Irving, und niemand kann eine derart absurde Geschichte so intensiv erzählen, dass man gleichzeitig lachen und weinen muss.

86. Mariana Leky
Was man von hier aus sehen kann

Ein Buch, das einfach nur glücklich macht. Ein Roman voller Liebe, Herz und Tiefe. Eine Geschichte für alle, die gerne zu Hause bleiben, und für alle, die in die Ferne streben. Für alle, die die kleinen Dinge im Leben zu schätzen wissen, und für alle, die ein Herz für schrullige Charaktere haben. Am Ende, wenn man die komplette Geschichte kennt und sich eigentlich wünscht, dieses Buch würde NIE zu Ende gehen, erkennt man, dass man gerade eine Geschichte über die schönste und vielleicht auch tragischste Freundschaft der Literaturgeschichte gelesen hat – und sollte Taschentücher bereithalten.

87. Durian Sukegawa
Kirschblüten und rote Bohnen

Ein gescheiterter Mann, der in einem Imbiss arbeitet. Eine alte Frau, vom Leben gezeichnet, die die beste Bohnenpaste aller Zeiten zubereiten kann. Eine traurige Schülerin, die zum Stammgast im Imbiss wird. Dies ist ein zarter, poetischer Roman über drei Menschen, die keinen Halt im Leben haben und durch einen Kirschblütenbaum sowie Dorayaki (Pfannkuchen, die mit einem süßen Mus aus eben jener Bohnenpaste gefüllt sind) zusammenfinden. Es ist diese Freundschaft, die das Leben aller Beteiligten beflügelt.

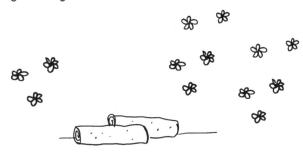

Music is my best friend

Songs, zu denen ihr getanzt habt. Songs, die ihr im Auto gehört habt, damals in der Nacht auf dem Weg zur Party. Songs, die ihr mit euren Freunden verbindet und die selbst wie Freunde sind. Nicht nur Anlesetipps, sondern auch Anspieltipps gibt es zum Thema Freundschaft – Klassiker genauso wie Unbekanntes:

- **Queen – Friends will be friends**
- **Juli – Wir beide**
- **Bill Withers – Lean on me**
- **Sportfreunde Stiller – Ein Kompliment**
- **Simon & Garfunkel – Old friends**
- **Bette Midler – Wind beneath my wings**
- **The Rembrandts – I'll be there for you**
- **Meghan Trainor – Friends**
- **James Taylor – You've got a friend**
- **Aqualung – New friend**
- **Atlantis – Be there**
- **Comedian Harmonists – Ein Freund, ein guter Freund**
- **Weezer – My best friend**
- **Red Hot Chilli Peppers – My friends**
- **The Rolling Stones – Waiting on a friend**
- **Mariah Carey – Anytime you need a friend**
- **Jason Mraz – Song for a friend**
- **Pretenders – I'll stand by you**
- **Thunderbugs – Friends forever**
- **Blue October – Everlasting friend**

Das sind meine liebsten Freundschaftssongs:

Der Titel ist **Wohlfühlprogramm**

Bei diesen Büchern sorgt schon allein der Titel für ein gutes Gefühl. Weil er so nett, amüsant und irgendwie ungewöhnlich ist. Einfach: hach!

— ♥♥♥ —

Wilhelm Genazino
Ein Regenschirm für diesen Tag

— ♥♥♥ —

Anna Gavalda
Zusammen ist man weniger allein

— ♥♥♥ —

Fabian Hischmann
Am Ende schmeißen wir mit Gold

Kjersti Skomsvold
Je schneller ich gehe, desto kleiner bin ich

———♥♥♥———

Steven Uhly
Glückskind

———♥♥♥———

Milan Kundera
Die unerträgliche Leichtigkeit des Seins

———♥♥♥———

Rayk Wieland
Ich schlage vor,
dass wir uns küssen

Bücher deines **Lebens**

Es gibt Bücher, die begleiten uns ein Leben lang. Und es gibt Bücher, die beschreiben so perfekt bestimmte Ereignisse, Stationen und Momente im Leben, dass sie ebenfalls zu wichtigen Begleitern werden. Mancher Leser findet von Kindesbeinen an immer wieder genau das eine Buch, das ihn in diesem Moment, in dieser Lebenslage, abholt und auffängt. Das ihm etwas Hilfreiches mitgibt, ihn zustimmend nicken lässt, ihn vielleicht etwas lehrt. Bibliophile Menschen könnten anhand ihrer gelesenen Romane einen ganz besonderen Lebensweg zeichnen. Und er sieht bei jedem anders aus.

„Wir laufen durch Kirchblüt, und alles ist anders, wir haben es verloren, so wie wir die Orte unserer Kindheit verlieren, zum ersten Mal, wenn wir keine Kinder mehr sind, und später noch einmal, wenn wir als Erwachsene zurückkehren und uns wundern, wie sie wirklich aussehen."

ZSUZSA BÁNK – DIE HELLEN TAGE

— Kindheit
88. Zsuzsa Bánk **Die hellen Tage**

Das waren die hellen Tage, als man ein Kind war und nichts wusste von Verlust und Verpflichtungen. Alles war möglich, weil man klein war und die Welt groß. Dieses Buch lässt eintauchen in die Erinnerung, gemeinsam mit Aja, Seri und Karl über Wiesen streifen und zum See radeln, den Sommerwind im Haar. Wild und frei und unbezähmbar kann man wieder sein während der Lektüre dieser poetischen, klugen und unheimlich wehmütigen Geschichte, die mit feinen, klingenden Sätzen den silbernen Zauber der Kindheit eingefangen hat.

— erste Freundschaft
89. Rose Lagercrantz **Mein glückliches Leben**

Die sechsjährige Dunne zählt die Glücksmomente in ihrem Leben: Dazu gehört der Tag, als Ella Frida ihre beste Freundin wurde. Diese zieht jedoch eines Tages fort. Trost spendet Dunne ein Brief: „Ich kann ohne Dich nicht leben." Wunderschön illustriert, erzählt diese Geschichte, die schon für Erstleser geeignet ist, was Trauer und Angst bedeuten, aber auch von den lichten Momenten, dem Glück, das Menschen verspüren.

erste Liebe
90. John Green **Die erste Liebe (nach 19 vergeblichen Versuchen)**

Colin ist ein Wunderkind, das elf Sprachen spricht, gern Anagramme bildet und ein wenig anders tickt. Er hat die Liebe bereits 19 Mal erlebt – und wurde jedes Mal bitter enttäuscht. Mit seinem Freund Hassan bricht er auf zu einer Reise durch Nordamerika. Auf diesem wilden Trip wird er Lindsey kennenlernen. Ein eher untypischer John Green: wenig Drama, dafür umso mehr Lacher. *Eine leichtfüßige Story, die den Leser beglückt und mit einem Lächeln im Gesicht zurücklässt.*

„Man kann jemanden noch so lieben, dachte er. Doch man liebt ihn nie so stark, wie man ihn später vermisst."

JOHN GREEN – DIE ERSTE LIEBE
(NACH 19 VERGEBLICHEN VERSUCHEN)

Kinderkriegen
91. Rike Drust **Muttergefühle**

Wenn ein Kind geboren wird, soll Friede, Freude, Eierkuchen herrschen bei der frischgebackenen Mutter. Oft ist es jedoch nicht so, Schlafmangel und Ratlosigkeit mischen sich mit dem Glück und der Liebe. Oder das Glück und die Liebe sind noch gar nicht da. Rike Drust suchte zur Lichtung des Gefühlschaos ratgebende Bücher, fand aber keine, die das Tabuthema Mutterschaft schonungslos behandelten. Also beschloss sie: So ein Buch muss sie selbst schreiben. Sie gibt Einblick in das Leben mit Kind und erzählt frei Schnauze, wie es ist, wenn da plötzlich ein hilfloses, abhängiges Menschlein rund um die Uhr versorgt werden muss. Witzig ist das auch: „Und nach der Geburt fing ich an, mit meinem Sohn zu sprechen, und zwar bereits in einer Phase, in der zwischen seinen Ohren so viel los war wie im Bücherregal von Claudia Effenberg."

Partnerschaft
92. Hervé le Tellier: **Kein Wort mehr über Liebe**

Ist es tatsächlich unser Herz, das entscheidet, wen wir lieben, oder sind es vielleicht unsere Füße, weil sie uns dorthin bringen, wo wir jemandem begegnen, den wir lieben können? Der französische Autor zeigt in diesem großartigen Roman, wie schnell wir uns zu jemandem hingezogen fühlen – und wie unverbindlich dieses Gefühl ist. Wer mit wem zusammen ist, scheint eine Laune der Natur, und hätten wir nicht das Konzept der Ehe erfunden, wir würden noch viel freier mit unseren Trieben umgehen. *Zwei Ehepaare in Paris, heimliche Stelldicheins, eine Liebe, die flüchtig ist — und dennoch ernst genommen wird. Anspruchsvoll, pfiffig und intelligent!*

Affäre
93. Véronique Olmi **Das Glück, wie es hätte sein können**

Serge und Suzanne haben Sex und sind verheiratet – aber nicht miteinander. In beiden löst die Affäre völlig unterschiedliche Dinge aus: Suzanne versinkt in Melancholie und sieht die verpassten Chancen in ihrem Leben, das ihr plötzlich nicht mehr genügt. Serge dagegen taucht ein in seine traumatische Vergangenheit, weil er in Suzanne jemanden gefunden hat, bei dem er diese belastende Geschichte abladen kann. Die Beziehung wird dominiert von Unehrlichkeit und Schweigen, dem Wunsch nach Dingen, die nicht zu haben sind. *Ein Buch, aus dem man ganz klar die Lehre ziehen kann, die Chancen zu nutzen, die das Leben einem gibt.*

▬ Midlife Crisis bei Männern
94. Andrew Sean Greer **Mister Weniger**

„Nur fürs Protokoll: Glücklichsein ist kein Schwachsinn."
Der Schriftsteller Arthur Weniger denkt, er sei der geborene Verlierer – kaum bekannt, nicht der Schönste, nicht der Klügste. Kurz bevor er 50 wird, verlässt ihn auch noch sein jüngerer Liebhaber, um einen anderen zu heiraten. Anlass für Tollpatsch und Fettnäpfchentreter Weniger, zu einer Reise um die Welt aufzubrechen. Was bedeutet Glück? Wie findet man es? Wie hält man es fest? Wann ist ein Leben lebenswert? Was heißt es, älter zu werden? Und natürlich: Wie findet man Liebe, Zärtlichkeit, Intimität, wie kann man sie erkennen und zulassen? Wenigers Streben und Erkenntnisgewinnung berühren und regen zum Nachdenken an.

▬ Midlife Crisis bei Frauen
95. Grégoire Delacourt **Alle meine Wünsche**

So eine hervorragende Idee für einen Plot: Jocelyne lebt in einer kleinen französischen Stadt, führt ein Geschäft für Stoffe und schreibt einen Blog über die Freuden der Handarbeit. Mit ihrem Mann hat sie gute und schlechte Zeiten erlebt, die Kinder sind aus dem Haus, es wartet der beschauliche Ruhestand. Und dann gewinnt Jocelyne im Lotto 18 Millionen und 547.301,28 Euro. Dies ist ein herrlich melancholisches Büchlein voller Sätze, die man sich an die Wand nageln möchte, weil sie so schön sind:

„Die Männer wissen, welche Katastrophen bestimmte Worte im Herzen der Mädchen auslösen; und wir armseligen Idiotinnen sind hingerissen und gehen in die Falle, begeistert, weil uns endlich ein Mann eine gestellt hat."

▬ Liebe im Alter
96. Kent Haruf **Unsere Seelen bei Nacht**

Eines Tages klingelt Addie an der Tür von Louis, beide sind um die siebzig, sie kennen sich nur vom Sehen, und sie macht ihm diesen ungewöhnlichen Vorschlag, der ihn verblüfft. Sie freunden sich an, schlafen in Addies Bett, unterhalten sich, erzählen einander aus ihrem Leben. Alles könnte richtig gut sein, wären da nicht noch die anderen Menschen. Man schließt Addie und Louis ins Herz, es geht nicht anders, sie sind alt und rührend, sie sind mutig, stark, unangepasst und wunderbar. *Ein nachdenklich stimmendes Buch mit einer originellen Story.*

Von Höhen **und Tiefen**

99 Bücher, die gute Laune machen – und das 99. Buch ist „Lob der schlechten Laune"? Jawohl! Weil Granteln schon ein bisschen Spaß macht. Weil man sich nicht immer selbst optimieren muss, sondern auch mal ganz gepflegt griesgrämig sein darf. Weil das Leben zu kurz ist, um immer nach den Regeln zu spielen. Ein bisschen weniger auf das geben, was andere von einem denken – und ein bisschen mehr so leben, wie man möchte: Das macht nun mal glücklicher. Die schlechte Laune gehört nicht nur dazu, sie ist sogar essenziell: Ohne das Dunkel kann es schließlich kein Hell geben und ohne die Tiefen keine Höhen.

„Hindernisse und
Schwierigkeiten sind Stufen,
auf denen wir
in die Höhe steigen."
FRIEDRICH NIETZSCHE

97. Andrea Gerk **Lob der schlechten Laune**

Andrea Gerk ist sehr gut darin, Wissen mit Unterhaltung zu vereinen, ihre Bücher sind hervorragendes Infotainment. Sie nimmt das Thema schlechte Laune gründlich durch, zeigt, was im Gehirn geschieht, wenn man missmutig ist, wie Unmut als Schutzschild funktioniert, geht auf die Kunst des Schimpfens ein, widmet sich grantigen Kommissaren und kreativen Cholerikern. Sie bringt große Dichter, Denker, Theaterschreiber, Autoren, Schauspieler zusammen, die eines eint: ihre berühmt gewordene schlechte Laune. Und widmet dem Grant der Österreicher ein eigenes Kapitel. Da muss man einfach schmunzeln!

98. Alexandra Reinwarth **Am Arsch vorbei geht auch ein Weg**

„Wie sich dein Leben verbessert, wenn du dich endlich mal locker machst", lautet der Untertitel dieses witzigen Ratgeber-Bestsellers, in dem Alexandra Reinwarth den Leser Schritt für Schritt teilhaben lässt, wie sie lernt, einfach mal „Nein" zu sagen und zu einem entspannteren Leben zu finden. Dies gelingt so witzig, charmant und überzeugend, dass man am liebsten sofort dieser einen ungeliebten Freundin (wie wir alle sie kennen) „Fick dich!" (wie Reinwarth es bei Kathrin tat und diese aus ihrem Leben verbannte) zurufen will und sich befreien möchte. Dieses Buch ermutigt, Maßnahmen für ein besseres, ballastfreieres Leben zu setzen.

> „Es ist höchste Zeit, mit dem jahrtausendealten Ammenmärchen aufzuräumen, wonach Glück, Glücklichkeit und Glücklichsein erstrebenswerte Lebensziele sind.
> Zu lange hat man uns eingeredet —
> und haben wir treuherzig geglaubt —,
> dass die Suche nach dem Glück uns schließlich das Glück bescheren wird."

PAUL WATZLAWIK -
ANLEITUNG ZUM UNGLÜCKLICHSEIN

99. Paul Watzlawick
Anleitung zum Unglücklichsein

Der Kultklassiker, der die komplette Ratgeberliteratur ad absurdum geführt hat: 1983 veröffentliche der österreichische Psychologe Watzlawik diesen „Anti-Ratgeber", der sich seitdem allein in Deutschland über eine Million Mal verkauft hat. Er zeigt ironisch und subtil auf, wie wir unserem Glück im Weg stehen. Er bringt Beispiele aus dem täglichen Leben und schafft, trotz seiner Prämisse, etwas ganz Besonderes: *Indem der Leser genau diese Mechanismen durchschaut, fängt er an, nachzudenken und ebenjene Fehler zu vermeiden — was letztendlich zu einem glücklicheren Leben führt.*

Das Beste kommt
zum Schluss

Und welcher Schluss ist das? Aus den genannten 99 Büchern stammen diese letzten Sätze – nur: zu welchem Titel gehören sie? Viel Spaß beim Raten!

?!

- 1. „Also dann bis zur nächsten Party, ihr Leute von Panama und anderswo."

- 2. „Hinter seinen Lidern sah er ein unbewegtes Nachbild, die angehaltene Bewegung des Winkens, das angehaltene Lächeln, und alles, was eigentlich hell war, war hinter seinen Lidern dunkel, und alles, was eigentlich dunkel war, war jetzt sehr hell."

- 3. „Wie ich mich fühle, großartig, einfach großartig, und das ist nicht der Schluss, Maja, das ist erst der Anfang."

- 4. „Entschuldigen kann man sich nachher immer noch."

- 5. „Weitermachen, weil uns nichts anderes übrig bleibt. Weil wir nichts besser können. Weil wir nichts lieber tun."

- 6. „Ich kann die Rückennummer auf seinem Trikot sehen. Es ist die 28. Eine vollkommene Zahl."

- 7. „Ich vergesse immer, dass er älter geworden wäre. Mittlerweile bin ich ja viel älter als er. Schon lange bin ich nicht mehr der Jüngste von uns dreien. Das ist jetzt er."

- 8. „Und wie immer dachte der Direktor die Gedanken dann nicht mehr ganz zu Ende. Allerdings war ein Ende auch nicht abzusehen."

Andrea Gerk - Lob der schlechten Laune
Joachim Meyerhoff - Alle Toten fliegen hoch - Amerika
Karin Kalisa - Sungs Laden
Janosch - Ach, so schön ist Panama
Petra Piuk - Lucy fliegt
Mariana Leky - Was man von hier aus sehen kann
Petra Hartlieb - Meine wundervolle Buchhandlung
Yoko Ogawa - Das Geheimnis der Eulerschen Formel

Auflösung

1 Janosch - Ach, so schön ist Panama
2 Mariana Leky - Was man von hier aus sehen kann
3 Petra Piuk - Lucy fliegt
4 Andrea Gerk - Lob der schlechten Laune
5 Petra Hartlieb - Meine wundervolle Buchhandlung
6 Yoko Ogawa - Das Geheimnis der Eulerschen Formel
7 Joachim Meyerhoff - Alle Toten fliegen hoch - Amerika
8 Karin Kalisa - Sungs Laden

Mareike Fallwickl

Mareike Fallwickl schreibt als freie Texterin Headlines, Slogans, Imagekampagnen und Filmkonzepte für Werbe- und Digitalagenturen sowie große und kleine Kunden. Ihre Kolumne „Zuckergoscherl" steht wöchentlich im „Salzburger Fenster", seit 2009 betreibt sie den Literaturblog Bücherwurmloch. 2018 ist in der Frankfurter Verlagsanstalt ihr Roman „Dunkelgrün fast schwarz" erschienen, der für den Österreichischen Buchpreis sowie als Lieblingsbuch der Buchhändler nominiert war. 2019 folgt der Roman „Das Licht ist hier viel heller".

Florian Valerius

hat seinen eigenen Weg gefunden, Menschen zum Lesen zu bringen. 2016 hat er Instagram für sich entdeckt und wurde mit seinem Account innerhalb kürzester Zeit zu einem der erfolgreichsten Buchblogger Deutschlands – als @literarischernerd nutzt er

#bookstagram als modernen und authentischen Weg, um Menschen und Literatur zusammenzubringen. Ob Kinderbuch, Klassiker, SpiegelBestseller oder zeitgenössische Literatur - er setzt sich kritisch damit auseinander, bewegt und inspiriert damit Tausende von Menschen. 2017 wurde er dafür mit dem ersten Buchblog-Award ausgezeichnet. Seine Leidenschaft lebt er auch täglich in der analogen Welt aus, denn Florian ist seit vielen Jahren Buchhändler und mittlerweile Filialleiter der Universitätsbuchhandlung Stephanus in Trier.
#makereadingsexyagain

Franziska Misselwitz

Die Hamburger Illustratorin und Grafikdesignerin liest gerne Bücher und liebt es, sie zu gestalten. Für sie verbirgt sich hinter jedem Buchdeckel eine eigene kleine Welt, die auf ihre besondere Art illustriert werden möchte. Franziskas Arbeit beginnt immer mit vielen Skizzen und einem Konzept - sie entwickelt eine Idee davon, wie diese Welt aussehen könnte und auf welchem Weg sie dort hinkommt. Erst dann beginnt sie zu zeichnen, zu basteln, zu collagieren, zu scannen oder zu fotografieren - Franziska schöpft aus all diesen Methoden und liebt die Abwechslung, die die Gestaltung von Büchern mit sich bringt.

Dankeschön!

Florian: Ich möchte diese Chance nutzen, um den Menschen in meinem Leben zu danken, denen es immer gelingt, mir gute Laune zu machen, selbst dann, wenn Bücher es nicht mehr schaffen. Jojo, der Mann, Julia, meine Schwester, und Alex, die immer da ist. Danke Euch. Von Herzen. Danke auch an meine Mitstreiterin Mareike. Nicht nur, dass du mir immer (!) gute Laune bereitest - ohne dich wäre das hier für mich niemals möglich gewesen und auch nie so besonders geworden. Mein erstes Buch. Was ein Abenteuer. Ich danke dir, dass ich mein erstes Mal mit dir erleben durfte. Es war ein Ritt - und ich habe jede Sekunde davon genossen.

Mareike: Ich bin dankbar für Humor. Meinen eigenen und den der anderen. Denn zu lachen – vor allem über sich selbst! –, ist das Einzige, was gegen den Ernst des Lebens hilft. Humor ist die Knautschzone, der Schutzschild, die unsichtbare Umarmung. Und er verbindet Menschen. Das Lachen verbindet mich mit Florian und allen, die einen Platz in meinem Herzen haben. Allein an euch zu denken, macht mir gute Laune. Kein Witz.

Bibliografie

Lindgren, Astrid: Pippi Langstrumpf. Verlag Friedrich Oetinger, Hamburg
Saint-Exupéry, Antoine de: Der Kleine Prinz. Karl Rauch Verlag, Düsseldorf, Zitat Seite 8 | Milne, Alan Alexander: Pu der Bär. Dressler Verlag, Hamburg
Janosch: Oh, wie schön ist Panama. Julius Beltz, Hamburg, Zitate Seiten 9, 13
Preußler, Otfried: Die kleine Hexe. Thienemann Verlag, Stuttgart | Ende, Michael: Der satanarchäolügenialkohöllische Wunschpunsch. Thienemann Verlag, Stuttgart
Faller, Heike: Hundert. Kein & Aber, Zürich | Carroll, Lewis: Alice im Wunderland. Anaconda Verlag, Köln, Zitat Seite 12 | Bogdan, Isabelle: Der Pfau. Insel Verlag, Berlin | Kling, Marc-Uwe: Die Känguru-Chroniken. Ullstein Verlag, Berlin
Swan, Leonie: Glennkill. Goldmann Verlag, München | Moers, Walter:
Die 13 1/2 Leben des Käpt'n Blaubär. Goldmann Verlag, München, Zitat Seite 15
Matthies, Moritz: Ausgefressen. S. Fischer Verlag, Frankfurt | Heidenreich, Elke: Nero Corleone. Carl Hanser Verlag, München | Bloom, Cameron: Penguin Bloom. Albrecht Knaus Verlag, München | Garnett, David: Mann im Zoo. Dörlemann Verlag, Zürich | Alberto Manguel: Eine Geschichte des Lesens. S. Fischer Verlag, Frankfurt
Ruiz Zafón, Carlos: Der Schatten des Windes. S. Fischer Verlag, Frankfurt | Calvino, Italo: Wenn ein Reisender in einer Winternacht. Carl Hanser Verlag München
Morley, Christopher: Das Haus der vergessenen Bücher. Hoffmann und Campe Verlag, Hamburg, Zitat Seite 21 | Hartlieb, Petra: Meine wundervolle Buchhandlung. DuMont Buchverlag, Köln, Zitat Seite 136 | Shaffer, Mary Ann und Barrows, Annie: Deine Juliet. btb Verlag, München | Bennett, Alan: Die souveräne Leserin. Wagenbach, Berlin | Domínguez, Carlos María: Das Papierhaus. Insel Verlag, Berlin
Ogawa, Yoko: Das Geheimnis der Eulerschen Formel. Aufbau Verlag, Berlin, Zitat Seite 136 | Ozeki, Ruth: Geschichte für einen Augenblick. S. Fischer Verlag, Frankfurt | Ceci, Jean-Marc: Herr Origami. Hoffmann und Campe Verlag, Hamburg, Zitat Seite 41 | Bailey, Elisabeth Tova: Das Geräusch einer Schnecke beim Essen. Carl Hanser Verlag, München | Murakami, Haruki: Die Pilgerjahre des farblosen Herrn Tazaki. DuMont Buchverlag, Köln | Seethaler, Robert: Ein ganzes Leben. Carl Hanser Verlag, München | Cognetti, Paolo: Acht Berge. Deutsche Verlags-Anstalt, München Kalisa, Karin: Sungs Laden. Verlag C.H. Beck, München, Zitat Seite 137
King, Lily: Euphoria. Verlag C.H. Beck, München, Zitat Seite 47 | Gill, John Freeman: Die Fassadendiebe. Berlin Verlag, München | Abate, Carmine: Zwischen zwei Meeren. Aufbau Verlag, Berlin | Gabunia, Davit: Farben der Nacht. Rowohlt Berlin Verlag, Berlin | Janesch, Sabrina: Die goldene Stadt. Rowohlt Berlin Verlag, Berlin
Noah, Trevor: Farbenblind. Karl Blessing Verlag, München | Adiga, Aravind: Der weiße Tiger. Verlag C.H. Beck, München | Poschmann, Marion: Die Kieferninseln. Suhrkamp Verlag, Berlin | Baldursdóttir, Kristín Marja: Die Eismalerin. S. Fischer Verlag, Frankfurt | Adams, Douglas: Per Anhalter durch die Galaxis. 1. Band der Serie. Kein & Aber, Zürich | Ferrante, Elena: Meine geniale Freundin. 1. Band der Serie. Suhrkamp Verlag, Berlin | Krohn, Tim: Herr Brechbühl sucht eine Katze. 1. Band der Serie. Verlag Kiepenheuer & Witsch, Köln | Krohn, Tim: Herr Brechbühl sucht eine Katze. 1. Band der Serie. Verlag Galliani, Berlin | Gabaldon, Diana: Outlander. Feuer und Stein. 1. Band der Serie. Knaur Verlag, München
Maupin, Armistead: Stadtgeschichten. Rowohlt Taschenbuch Verlag, Hamburg

George R. R. Martin: Das Lied von Eis und Feuer. Die Herren von Winterfell. 1. Band der Serie. Blanvalet Verlag, München | Piuk, Petra: Lucy fliegt. Verlag Kremayr & Scheriau, Wien, Zitat Seite 136 | Meyerhoff, Joachim: Alle Toten fliegen hoch. Amerika. Verlag Kiepenheuer & Witsch, Köln, Zitat Seite 137 | Balzano, Marco: Damals, am Meer. Aufbau Verlag, Berlin | Kwast, Ernest van der: Die Eismacher. btb Verlag, München | Paasilinna, Arto: Der wunderbare Massenselbstmord. Bastei Lübbe, Köln, Zitat Seite 66 | Hornby, Nick: About a boy. Verlag Kiepenheuer & Witsch, Köln | Niemi, Mikael: Populärmusik aus Vittula. Goldmann Verlag, München Foenkinos, David: Nathalie küsst. Ullstein Verlag, Berlin, Zitat Seite 63 | Berg, Sibylle: Ein paar Leute suchen das Glück und lachen sich tot. Philipp Reclam Verlag, Stuttgart, Zitat Seite 79 | Bokowski, Paul: Hauptsache nichts mit Menschen. Goldmann Verlag, München, Zitat Seite 78 | Kobek, Jarett: Ich hasse dieses Internet. S. Fischer Verlag, Frankfurt, Zitat Seite 78 | Prahs, Madeleine: Die Letzten. dtv Verlag, München, Zitat Seite 79 | Fricke, Lucy: Töchter. Rowohlt Verlag, Hamburg Knecht, Doris: Besser. Rowohlt Berlin Verlag, Berlin | Stelling, Anke: Bodentiefe Fenster. Verbrecher Verlag, Berlin, Zitat Seite 79 | Wolff, Lina: Die polyglotten Liebhaber. Hoffmann und Campe Verlag, Hamburg, Zitat Seite 71 | Semple, Maria: Wo steckst du, Bernadette. btb Verlag, München, Zitat Seite 78 | Reza, Yasmina: Glücklich die Glücklichen. Carl Hanser Verlag, München, Zitat Seite 78 | Noll, Ingrid: Der Hahn ist tot. Diogenes Verlag, Zürich | Maurer, Jörg: Föhnlage. S. Fischer Verlag, Frankfurt | Haas, Wolf: Komm, süßer Tod. Rowohlt Taschenbuch Verlag, Hamburg, Zitat Seite 85 | Klüpfel, Volker und Kobr, Michael: Michelgeld. Kluftingers erster Fall. Piper Verlag, München | Fitzgerald, Helen: Furchtbar lieb. Verlag Kiepenheuer & Witsch, Köln | Falk, Rita: Winterkartoffelknödel. dtv Verlag, München | Suter, Martin: Der Koch. Diogenes Verlag, Zürich | Rohd, Okka: Herdwärme. Kailash Verlag, München | Gilbert, Elizabeth: Eat Pray Love. Berlin Verlag, Berlin Cerha, Ruth: Bora. Frankfurter Verlagsanstalt, Frankfurt | Séché, Andreas: Zwitschernde Fische. ars vivendi verlag, Cadolzburg, Zitat Seite 101 | Glattauer, Daniel: Gut gegen Nordwind. Paul Zsolnay Verlag, Wien | Capus, Alex: Das Leben ist gut. Carl Hanser Verlag, München | Krausser, Helmut: Geschehnisse während der Weltmeisterschaft. Berlin Verlag, Berlin | Groult, Benoîte: Salz auf unserer Haut. Droemer Knaur, München | Nin, Anaïs: Das Delta der Venus. Scherz Verlag, Bern Barreau, Nicolas: Das Lächeln der Frauen. Thiele Verlag, München | Riley, Lucinda: Die sieben Schwestern. Goldmann Verlag, München | Moran, Kelly: Redwood Love. Es beginnt mit einem Blick. Rowohlt Verlag, Hamburg | Irving, John: Owen Meany. Diogenes Verlag, Zürich, Zitat Seite 117 | Leky, Mariana: Was man von hier aus sehen kann. DuMont Buchverlag, Köln, Zitat Seite 136 | Sukegawa, Durian: Kirschblüten und rote Bohnen. DuMont Buchverlag, Köln | Bánk, Zsuzsa: Die hellen Tage. S. Fischer Verlag, Frankfurt, Zitat Seite 125 | Lagercrantz, Rose: Mein glückliches Leben. Moritz Verlag, Frankfurt, Zitat Seite 126 | Green, John: Die erste Liebe: nach 19 vergeblichen Versuchen. Carl Hanser Verlag, München, Zitat Seite 127 | Drust, Rike: Muttergefühle. C. Bertelsmann Verlag, München, Zitat Seite 128 Le Tellier, Hervé: Kein Wort mehr über Liebe. dtv Verlag, München Olmi, Véronique: Das Glück, wie es hätte sein können. Antje Kunstmann Verlag, München | Greer, Andrew Sean: Mister Weniger. S. Fischer Verlag, Frankfurt, Zitat Seite 130 | Delacourt, Grégoire: Alle meine Wünsche. Hoffmann und Campe Verlag, Hamburg, Zitat Seite 131 | Haruf, Kent: Unsere Seelen bei Nacht. Diogenes Verlag, Zürich | Reinwarth, Alexandra: Am Arsch vorbei geht auch ein Weg. mvg Verlag, München | Gerk, Andrea: Lob der schlechten Laune. Kein & Aber, Zürich, Zitat Seite 136 | Watzlawick, Paul: Anleitung zum Unglücklichsein. Piper Verlag, München, Zitat Seite 135

Impressum
In einigen Fällen war es nicht möglich, für den Abdruck der
Texte die Rechteinhaber zu ermitteln. Honoraransprüche der
Autoren, Verlage und ihrer Rechtsnachfolger bleiben gewahrt.

© 2019 arsEdition GmbH, Friedrichstr. 9, 80801 München
Alle Rechte vorbehalten

Covergestaltung: arsEdition GmbH
Illustrationen Cover: Franziska Misselwitz
Illustrationen und Gestaltung Innenteil:
Franziska Misselwitz
ISBN 978-3-8458-3187-9
1. Auflage
www.arsedition.de